跟孩子好好说话

正面对话青春期·女孩篇

李玉梅◎著

辽宁人民出版社

图书在版编目（CIP）数据

跟孩子好好说话：正面对话青春期. 女孩篇 / 李玉梅著 . — 沈阳：辽宁人民出版社，2024.4
ISBN 978-7-205-11069-7

Ⅰ . ①跟… Ⅱ . ①李… Ⅲ . ①女性—青春期—家庭教育 Ⅳ . ① G782

中国国家版本馆 CIP 数据核字（2024）第 061272 号

出版发行：辽宁人民出版社
　　　　　地址：沈阳市和平区十一纬路 25 号　邮编：110003
　　　　　电话：024-23284321（邮　购）　024-23284324（发行部）
印　　刷：河北万卷印刷有限公司
幅面尺寸：165mm×235mm
印　　张：9.25
字　　数：115 千字
出版时间：2024 年 4 月第 1 版
印刷时间：2024 年 4 月第 1 次印刷
责任编辑：高　丹　李　曼
封面设计：李彦伟
版式设计：优盛文化
责任校对：吴艳杰
书　　号：ISBN 978-7-205-11069-7
定　　价：58.00元

目 录

Part 3 "内心大戏"永不停息

Part 4 校园里的"斜杠少女"

Part 5　追星、氪金、网游，玩儿到飞起

Part 6　"潮"起来连自己都怕

Part 1

一脚迈进"社交迷宫"

十几岁的女孩，怀揣着梦想，对这个未知的世界充满好奇，她渴望结交新朋友，勇于尝试新事物。

然而，真实的生活却充满了挑战，对于怀揣梦想和热情的女孩来说，各种各样的挑战可能会让她感到困惑。父母的保护、关心常常会与她内心的渴望和独立意识发生冲突，她渴望独立和自由，于是渐渐远离父母，走向自己的同龄人，开始"社交"。

然而，在跟同龄人的交往中，她有的时候觉得他们很幼稚，有的时候觉得自己不被喜欢，有的时候总是在讨好别人，有的时候会遇到"坏孩子"，还会攀比、会社恐……

各种各样的问题层出不穷，看着女儿这样一脚迈进"社交迷宫"，家长为她着急，想帮助她，却又不知从何帮起。

其实，青春期的青少年心理呈现半成熟半幼稚的特点，成人感与幼稚性并存，冲突和矛盾重重。

青少年时期还是一个自我意识觉醒的阶段，他们开始更加关注自己在他人眼中的形象和他人对自己的评价。这种关注往往导致他们急于向他人展示自己的优点和技能，希望获得他人的认可和赞许。

攀比行为背后，隐藏的是青春期少男少女在这一时期对于同一性发展的需要。

……

父母了解这些，才更容易走进孩子心里，好好跟孩子说说话，用陪伴和理解给予她勇气，让她在成长过程中迎接挑战，领悟生活的真谛。

同龄人太幼稚了

　　女儿上初中了，你本以为孩子会和你们无话可说，没想到女儿还像小时候一样，愿意拽着你们说东说西的。特别是在晚饭时间，女儿更是跟你们谈天说地，大聊特聊。

　　有一次吃饭的时候，女儿突然在一个话题结束之后，对着你们说了这样一句话："哎，要是我的同龄人也都像你们一样就好了！我更喜欢跟成年人聊天。"

　　当你听到女儿这么说的时候，是否觉得很有趣？仔细一想，好像的确如此！女儿跟父母说话的时候，像一个小大人似的，说话总是有理有据的，也很有逻辑。甚至你们的朋友、同事来到家中时，女儿也主动拽着客人们聊天，毫不认生！客人们离开你家的时候，也总是感慨你的女儿懂事。前两天，你还从朋友那里得知：女儿竟然主动添加你朋友的微信了，看来她真的很愿意跟这些比她大了几十岁的大人聊天！

　　想到这里，你也不由得对着女儿感慨一下——

"哎？你这孩子真是奇怪，你怎么老跟我们这些大人聊天？"

"你咋不跟你们同学聊天？"

"你们是同龄人应该更有话题啊！"

本来是无心之语，女儿却一下子打开了话匣子——

"没办法啊，有些话题只能跟你们聊啊！你看我喜欢的国际格局、社会学话题，爸爸妈妈你们也愿意聊啊。"

"你不知道，我的同龄人都太幼稚了，现在还在忙着追星、看动漫，我实在是觉得没意思。"

"况且，我也不知道人家喜不喜欢我说的这些话题，但是我跟大人聊天，他们都可以积极回应我，我觉得跟他们聊天长见识，我觉得很有意义啊。"

"哎，我同学就是一群幼稚鬼，我才不喜欢那些手办、咕卡什么的，他们什么时候才能长大啊！"

看到女儿假意地长吁短叹，你也不由得被逗得笑出声。女儿是个很聪明的孩子，她总是很愿意表达自己的想法，看了书之后有感想，听了新闻之后有评论，这与一般青春期少男少女相比，显得更成熟。作为家长，你看到女儿这么懂事，心中自然欣慰，但是你也不由得为女儿隐隐担心，一个青春期的孩子总是不跟同龄人接触，她要是有小心思岂不是也无处倾诉？

　　如果你遇到这样的烦恼，也不用过于担心。青春期的青少年心理多数呈现半成熟半幼稚的特点，成人感与幼稚性并存，冲突和矛盾重重。况且，即便同处于青春期，不同个体的发展速度也会有很大差异。特别是对于青春期的少女来说，相较于男孩，她们可能更早地进入了心理和情感成熟的阶段。因此，可能你的女儿已经拥有较为成熟的心理状态，但是其他同龄人还保持着儿童期的幼稚。这种成熟度差异，可能会导致先一步成熟的少女认为自己是成熟的，认为其他同龄人的行为幼稚，跟自己已经有了更成熟的观点和态度不一样。

　　所以，**青春期是人的自我认知发展时期，人在这个时期开始思考：自己是谁，自己在社会中的角色是怎样的。**部分青春期少女成熟的速度偏快，她们对自己和其他人有更深刻的认识，从而认为其他人的行为相对幼稚，也就不愿意跟同龄人交往了。不仅如此，互联网飞速发展，主流社交媒体、家庭成员，甚至同龄人等共同宣传，塑造出一种对青少年成熟行为的期望，这种期望会影响到个体对同龄人行为的看法。

　　另外，在青春期和其他时期成长过程中，男生和女生在情感和社交发展方面可能会有不同的发展速度和特点。在青春期，青少年经历着身体和心理上的许多变化，这些变化可能会影响他们的情感和社交发展。

　　女儿处于半成熟的发展阶段，看待问题往往不够全面，处理人际关系也会受到局限，家长可以尝试引导女儿从另一个角度来看待问题。家长陪在女儿身旁，不断提醒她每个人都在成长和发展，每个人的成长步调和生活经历都不同，这就可能会导致不同的人在行为上的差异，在别人表现出不同的意见时，女儿需要学会理解。家长也可以主动分享自己在青少年时曾遇到的类似情况，以及你是如何处理和看待这些问题的，这可以让女儿感到她不是孤单的。

你可以这样说——

"有时候我们可能会不了解别人的想法，跟别人的感觉是不一样的，这很正常啊，爸爸妈妈跟你的想法也不太一样。如果你想明白'他为什么这样想'，或许你也可以试着站在他们的角度来看问题，这可能会让你更理解他们。"

"你觉得他们哪里幼稚了？要不你给我说说吧。"

"这样啊，那我理解了，在我像你同学这么大的时候，其实我也很幼稚，我也干过类似的傻事。但是我记得大概也就过了一年吧，我就变得不太一样了，就变得很成熟了，所以你别着急，你稍微等等你的同学，他们也会慢慢变得成熟的。"

好像被讨厌了

最近女儿刚刚升入初中，进入一个新环境，你担心她适应不了初中生活，于是偷偷地关注她。幸好，女儿好像很快适应了初中生活，每天回来都高高兴兴的，她总是拽着你跟你说东说西，分享学校的见闻。

但是，今天不太一样，女儿低落的情绪不容忽视，于是你走到女儿身旁，想要问清楚，她今天脸上的愁云因何而来。她犹豫再三，才缓缓地告诉你，她今天遭遇的一切——

班级今天换座位，她也有了新同桌。她想要跟这个新同桌交朋友，但是女儿刚刚提出请求，就被那名同学拒绝了。就是因为这件事情，她感觉很失落。女儿没想到，交个朋友这么难！这些初中同学跟她的小学同学完全不同。她在小学的时候，想要跟谁做朋友，只要她主动示好，对方肯定痛快答应，她们就能一块儿开开心心地玩了！没想到，初中同学却不一样，她主动提出邀请，就算这个同学不愿意跟她一块儿玩，最起码也不应该这么直接地表达拒绝吧！女儿觉得她很没面子。

交朋友被拒绝，这可是女儿之前没有过的经历，所以她很焦虑。不仅如此,女儿还告诉你:她的这次碰壁,好像意味着她擅长的社交模式失效了!女儿现在很担心,以后会不会再次碰到这样的同学,拒绝她的好友申请,甚至更严重点,万一班级里面所有的同学都不接纳她,都讨厌她,她该怎么办啊!她一边抹眼泪,一边对你说——

> "妈妈,我是做错了什么吗?"
>
> "为什么她不愿意跟我做朋友呢?我才第一次见她啊,我也没得罪她!"
>
> "我是不是一个不值得被喜欢的小孩,你们以前都是怕我伤心才不告诉我的?"
>
> "怎么办啊,我现在都有点不敢跟别人交流了,我怕被拒绝。"
>
> "我以后要是在这个班里面待不下去了,可怎么办啊!"

你看着女儿越说越沮丧、满脸忧愁的样子,不由得有点忍俊不禁,看来,青春期少女们确实有着很多大人不理解的小烦恼啊!虽然你想说点什么安慰一下女儿,但是你好像不知道该怎么说,该从何处开始。

家长需要正视的是,孩子的青春期是一个身心发展迅速的阶段,对于青春期的少男和少女来说,处理好与同龄人的社交关系,是他们需要面对的一个重要课题。许多孩子会因为与同伴的关系出现问题,产生各种负面的情感和心理反应,包括自尊心受挫、对自身价值的怀疑等。很明显,你的女儿在与其他学生交往的过程中被拒绝,因此出现了自尊心受挫的情况。如果女儿未来仍出现类似情况,她被多次拒绝后,有可能会产生自我怀疑的情绪。

青春期的孩子们通常更加关注自己在同龄人中的地位如何，担忧自己不会被同龄人认同。因此，同伴关系的状况对他们的情感和心理状态有着重要的影响。一些孩子在与同学交往时，获得了负面评价，就可能有以下表现：

某个同学拒绝与他们交往或合作，引发孩子的情感困扰；

孩子对自己在同伴中的地位或受欢迎程度感到不满；

由于与同学发生矛盾或冲突，导致孩子对自己的社交能力产生怀疑；

孩子开始对自己的外貌、行为等产生负面的自我评价；

……

一旦你的女儿有这些表现，就意味着她已经出现了一定的社交问题，此时家长如果选择无视，就可能放任这些问题对女儿的自尊心和自我认知产生的负面影响，这些问题甚至可能影响她的情绪和心理健康。

本来她并不是一个敏感多疑的女孩子，但还是会因为在与同龄人社交过程中遭遇的拒绝而产生一系列猜忌……手足无措的表现和唠唠叨叨的抱怨，都是一个正在成长中的孩子在收到负面评价时会产生的正常反应。即便以上都是女儿面对社交问题时会产生的正常反应，家长也不能袖手旁观，在这时应该如何帮助女儿呢？

家长要鼓励孩子思考，帮助孩子认识到拒绝她的孩子可能的行为动机，并引导孩子学会从多个角度思考问题。家长可以借此机会培养孩子的批判性思维，孩子也可以学着更深入地理解和分析他人的行为。家长与孩子进行开放式对话，鼓励她提出问题，并认真倾听她的想法。

你可以这样说——

"你之前了解那个女生吗？你为什么想跟她做朋友啊？你猜猜看，她为什么会拒绝跟你做朋友？"

"我知道你现在很难过，那你有没有也这么拒绝过别人的好意？你当时拒绝别人的时候，你怎么想的啊？"

家长有责任告诉孩子： 人际关系的世界充满了不确定性和复杂性，我们无法控制他人的感受，只能控制自己的态度和行为。家长要教会孩子学会从这些经历中吸取教训，一定小心不要让一次次的拒绝打击孩子的自信心，反而要将其视为成长的机会。如果孩子可以从每次与他人的互动中学到东西，就可以改进自己的人际交往技巧，提升自己的情商。

你可以这样说——

"女儿，我知道你现在可能感到很难过，但我希望你能明白，每个人都有自己的喜好和想法。这也就意味着，不是每个人都会喜欢你，况且你也不必让每个人都喜欢你。"

"有时候，拒绝并不一定是你的问题，也可能是对方正在经历某些情感或生活上的困扰。"

"而且，被拒绝本来也没什么啊，至少你下次就知道不能不调查就提出要求啊，你得在有一定了解后，再试着问问看，人家想不想做你的朋友。你看，这不也是成长吗？"

总是在讨好别人

虽然女儿的个头已经快要跟你一般高了，但是她似乎只长个子，没长心眼儿，还是那个单纯没主见的小姑娘。女儿的性格比较随和，有时候你跟她生气了，训她两句，她也总会笑嘻嘻地跟你道歉。她不跟你生气，反而还讨好你，你看着这样的女儿，也跟她生不起气了。

今天，你走进客厅时，正好听到女儿在打电话，女儿看了你一眼，并没有选择回到自己的房间，只是压低了她讲电话的声音。你也不是故意的，但是女儿打电话的声音随着风飘进了你的耳朵，即便她已经刻意控制自己的音量，敏锐的你还是从女儿断断续续的对话中，察觉到一点不对的地方：好像自己的女儿正在说着谁的坏话。

"对啊，她以为她是谁啊，整天自以为是的，就很了不起哦！"

"哈哈哈哈，她每次站起来回答问题的时候我都想笑。"

"是吧是吧，我跟你一样哎！我也很讨厌她！"

……

女儿打电话的内容让你感到震惊，你呆呆地站在女儿身旁。女儿挂了电话之后，看到你正站在她的旁边，表情就有点儿讪讪的，似乎让你听到了她打电话，有点儿尴尬。你率先打破沉默，直接问她——

> "你是不是在说同学的坏话？背后说别人的坏话是不对的。"
>
> "你觉得这样说人家坏话对吗？"

女儿想都没想立马回你——

> "那也没办法啊，我要是不说她的坏话，丽丽就不跟我玩了。我要是不跟她站在'同一阵营'，我就会损失朋友哎！"
>
> "我知道背后说人坏话不对，但是，我只有显得我自己'有价值'，我跟她想法一样，她才愿意跟我玩。"

面对孩子这么说，家长是很痛心的。女儿怎么了？她现在竟然要通过"说别人坏话""讨好别人"来证明自己的价值，难道说在不知不觉中，自己的孩子已经"长歪"了吗？

家长不必过于焦虑！女儿出现这种问题，也是青春期少女经常会出现的一种情况，她大概率是陷入了"羊群效应"的怪圈。

所谓"羊群效应"，就是指在一个群体中往往存在着"领头羊"，"领头羊"就是这个小团体的"带头人"，是这个小团体的主心骨，"领头羊"去哪里，羊群都会跟随，即便前面是个水坑，羊群也会跟着跳下去。

在青春期，少女们格外关注同龄人之间的人际和谐，她们特别在意自己是不是被同龄人的"小圈子"所接纳，甚至部分青春期的少女会因为渴望人际关系的和谐，盲从"小圈子"的"领头羊"，从而难以说"不"，甚至会有意无意地选择"讨好"，确保自己所处的那个"小圈子"的"领头羊"是愿意与自己交往的，自己没有被"小圈子"抛弃。

但是，很显然通过让对方满意的方式来保全自己，不仅会让自己感到不舒服，难以自洽，还有可能将自己逼上"讨好型人格"的道路，更何况说别人坏话本来就是一种伤人伤己的"双刃剑"。

面对这种情况时，你可以这样说——

"你真的觉得那个被你们说的女生那么'坏'吗？"

"也许你现在为了跟丽丽保持朋友关系，就跟着丽丽说别人坏话，但是如果有一天，你'得罪'了丽丽呢，她是不是也会说你坏话？"

"如果今天被说的是你，你会不会难过？要是会的话，你就不应该说别人啊！"

"她以不跟你玩威胁你，如果你觉得她越界了，这时候你不应该后移你的界限，而应该想想是不是她的问题。"

"坏孩子"发来的消息

女儿从小就喜欢模仿别人，容易受别人影响，这算是老毛病了。早在女儿小的时候，她的朋友要什么玩具，她就要什么玩具；她的朋友学吉他，她也闹着学吉他……这种例子，简直一天都说不完。女儿从小就容易受到别人的影响，就算是现在已经步入青春期，这一点也没发生改变。

这不，你今天接到了来自班主任的电话，他告诉你女儿最近变得不太一样了，女儿最近增添了很多小问题，最让人担心的是，她好像变得不爱学习了。

你挂了电话之后，赶紧把女儿叫了过来，想要赶紧弄明白是什么情况。女儿告诉你，她们班最近换座位了，她被换到了一个"小团体"的旁边。这个"小团体"很有个性，每个人都有自己的"小毛病"：小张上课偷偷看小说，小李上课偷偷玩手机，小王跟小赵上课爱说话。

说到这里，你就明白了老师的用意，班主任之所以会把女儿换到这里，八成是觉得女儿爱学习，人又比较安静，跟这个"小团体"不一样。

班主任可能觉得女儿跟她们不一样，想着把女儿安排到这里，就可以顺利把这个"小团体"分开。可是，没想到女儿跟她们几个人倒是挺合得来的，时间一长，几个女孩关系越走越近，大家相互影响，女儿增添了很多小毛病，同时学习成绩开始逐渐下滑。结果，就是班主任跟你说的那样，似乎是这些同学影响了她。

听说，即便是班主任已经及时给女儿换了座位，几个人的友谊也没受到影响，几个人还是上课传字条，下课一块儿上厕所，甚至休息时间几个女生也总是凑在一起。

看来这已经不是小问题了，你得跟她聊聊，让她尽量少跟这些"坏孩子"交往。

> "你怎么回事？你也不看看，你现在都跟什么人一块儿玩？"
>
> "你就听我一句劝吧，不要跟那些坏孩子玩，你就会跟她们学。"
>
> "你就天天跟她们搅和在一块儿吧，等到时候你们都考不上大学，你们就抱一块儿哭吧！"

女儿听到你的好心告诫，非但不赞同你的话，倒是气势汹汹地跟你争辩起来——

> "你们老是管我，我真是受够了！我不就是交个朋友吗？你们至于吗？"

"你们又不了解我的朋友，别总是对我的朋友指手画脚！"

"我有自己的决定权，我可以选择适合我的朋友，不需要你们干涉！"

在女儿的青春期，结交同伴"小团体"有益于她们适应未来社会，孩子拥有稳定而支持性的友谊，可以帮助她完成自我认同，明确自我价值。女儿在自己信任的朋友面前，可以充分表达自己的情绪，并且获得安慰和支持，以缓解青春期的焦虑和抑郁。

况且，青春期是孩子的"半成熟期"，孩子心智未完全成熟，他们通常无法很好地分辨友谊。面对可能的"坏孩子"，家长需要做的是引导孩子学会独立思考，而不是直接给孩子的朋友贴标签，家长若直接批评，反而容易激起孩子的逆反心理。因此，当孩子身边出现"坏孩子"时，聪明的家长会先观察再沟通，不诋毁不指责，平和地指出其不良行为，给孩子留出自主思考的空间。这有助于培养孩子明辨是非的能力，明确哪些是自己的"泛泛之交"，哪些才是自己真正的朋友。

你可以这样说——

"你朋友好像经常看小说，热爱文学挺好的，不过，她有时间写作业吗？这不会影响到她的成绩吗？"

"我看你朋友圈发的照片是你的新朋友？她长得很好看啊，不过，我看她好像是化妆了，你们学生可以化妆吗？另外，她的化妆品是从哪里来的啊？"

　　家长不是简单粗暴地隔断孩子与"坏孩子"的交往，而是给孩子留出"自省缓冲期"，家长需要带着孩子认识更多新朋友，帮助孩子拓展交际圈，避免她只受到某一个朋友的影响。父母主动带孩子参加聚会，支持孩子加入感兴趣的课外活动，或者鼓励他们参与社会活动。孩子能在不同活动中结识更多不同的人，并且有机会扩展自己的社交圈子，找到更多志同道合的朋友。

　　你可以这样说——

> "你不是喜欢莫奈吗？最近有一个莫奈展，挺难得的！正好你李阿姨他们一家也想看，咱们下周一块儿去吧。"
>
> "对了，我同事的孩子报了一个手绘班，据说挺有意思，你想去看看吗？"

变成 "显眼包"

女儿小时候是一个愿意站在舞台之上表现自己的孩子，每到过年家庭聚会，她都会跳出来，主动表演节目；班级举办联欢会，她也愿意担当主持；即便是在外人面前，她也不怯场，积极表达自己的观点。

有这样落落大方的孩子，你们一直为她乐于表现这一点感到自豪骄傲。最近你们却发现她的自信大方好像变了，她似乎已经发展为 "显眼包" 了。比如，刚刚老师打来电话告诉你，她最近总是 "故意" 迟到，就是为了让全班人的视线都集中在她身上，这实在是不可思议。于是你们想进一步了解一下，女儿现在是什么情况。

你跟她坐下来聊了聊，果然有了新的发现：女儿在上课时会主动打断老师讲课，发表自己的不同见解；她为了在同学面前显摆自己的 "新技能"，甚至会打断别人正在说的话，拦截那些 "无聊" 的谈话；她在课外班里，也是自顾自地说着自己的想法，只要自己说就行，不顾别人想不想听。很明显，现在女儿这么活跃地表现自己，已经超过了正常展现自我的范畴。你现在很担心，再这么发展下去，她会不会 "尾巴翘到天上"？于是，你跟她聊的时候就免不了带着情绪——

> "我看你现在是唯恐别人不知道你的优秀啊！"
>
> "你这样处处表现自己、到处宣传自己，迟早会吃大亏的！"
>
> "你真就是现在流行的那个说法，那个'显眼包'。"
>
> "你怎么能为了表现自己就完全不顾及别人的感受呢？你知不知道你现在这种行为很没有礼貌？"

女儿好像也很委屈，说出了自己的想法——

> "妈妈，我这样做不对吗？你们以前告诉我的，要勇敢地在别人面前展现自己啊！"
>
> "我只是想把自己展现在大家面前，难道我这样做不对吗？"
>
> "我觉得我没做错啊，大家都很喜欢我，我看大家都挺高兴的。"
>
> "我有时候也知道，我一个人说得太多，可能别人会不高兴，但是我控制不住自己。"

　　面对女儿的疑惑，你也被噎住了，其实女儿的说法也不是完全没有道理。你们确实曾经在她小时候，多次鼓励她在别人面前展示自我。你们总不能因为同一件事情，也就是她在别人面前表现自我，小时候就选择夸她，她现在长大了，你们就开始指责她吧。

虽然你有点无语，但是，仔细一想，你也感到好奇：女儿到底为啥会成为一个"显眼包"？

女儿之所以会成长为一个"显眼包"，多半是因为她的人格特点决定了她是一个充满表现欲的人。另外，充满自信的孩子，也会更有表现的欲望。

青少年时期是一个自我意识觉醒的阶段，他们开始更加关注自己在他人眼中的形象和评价。这种关注往往导致他们急于向他人展示自己的优点和技能，希望获得他人的认可和赞许。

孩子表现自我是孩子走向自信与完善人格的重要途径，如何把握这个度，父母需要怎么跟孩子沟通，这才是父母需要关心的重点。

你可以这样说——

> "你喜欢跳舞，我相信你会表现得很出色，我们支持你参加舞蹈比赛。同时，你觉得有什么方面需要爸爸妈妈帮助你的吗？"
>
> "你之所以打断老师的话，是因为你想要说出自己的想法是吗？这很好，但是妈妈希望你稍微等等，等老师说完之后，你再表达你的观点，这样显得你更有礼貌。"

我也想要"AJ"

　　女儿的学校要求学生穿统一的校服，学校希望学生不要过度关注外表，将精力集中在学习上。没想到学生无法在服装、发型上做文章，就将目光锁定到鞋子上面。

　　"妈妈，我想要买双鞋。"你听到女儿这么说之后，就点了点头，立马带着女儿去了最近的一家商场，想要领着孩子到常去的那家运动鞋店。女儿却伸手拽住了你，告诉你她想要一双"AJ"。你不认识什么"AJ"，女儿带着你去了那个柜台，你才发现，女儿想要的鞋子竟然将近 2000 元！对比你之前给女儿买的运动鞋不过一二百元，你有点不想买，女儿却将头偏向一边，小声地嘟囔："别人都有了，就我没有。"

　　女儿告诉你，不仅仅是她，她们班同学都对鞋子的要求很高，很多同学一双鞋就要几千元，甚至上万元，她想要的只是基础款，有了这双鞋她才能有面子，才能不被别人看不起，你很惊讶于女儿竟然这么想，于是你赶紧劝她——

21

"不就是一双鞋子吗，能穿不就行了，几千块跟几百块的能有什么区别？"

"你看看人家山区的孩子还穿不上一双新鞋呢，你倒好，给你买新鞋你还挑三拣四的！"

"不要光知道比衣服、比鞋子，有本事你比比学习啊，你成绩上去，让我也成为有面子的家长啊！"

你本以为你说得很有道理，没想到女儿跟你的想法不一样——

"不就是一双鞋？你懂什么，你知道吗，我的同学都看这个！"

"别人都有的鞋，我就不能有吗，我也想有面子。"

"你跟别的家长攀比我的学习成绩，这就不是攀比了？只不过是我跟别人比比鞋子，你比孩子的成绩，其实我们都差不多。"

青少年正在经历青春期的成长阶段，看问题容易片面化和表面化，并且因为自身判断力尚未发展完全，青少年容易因为判断力不足，受到不良风气的影响。但是事情具有多面性，孩子产生了攀比心理并不完全是一件坏事，攀比心理本身也显示了他们积极向上和争强好胜的心态。

攀比心理本身并不是问题，关键在于父母如何正确引导孩子的这种心态。

你可以这样说——

"虽然你没有那双'AJ'，但是你不是说过吗，你的书包是班里面最好看的。"

"你没有那双'AJ'，但是你还是班里面女生跑得最快的，这还不厉害？"

"女儿，咱们不必跟别人比较物质上的东西。因为人外有人，我就算是给你买了'AJ'，还是会有人穿的比你好。最好的解决方法就是从一开始就不比较。"

将孩子的竞争意识引导到学习上是一种很好的方法。通过鼓励他们努力学习，培养自己的优势，而不是盲目攀比他人，可以帮助他们建立正确的学习观念。同时，父母也可以帮助孩子树立正确的价值观，明确成功不仅仅是成绩的高低，还包括个人的成长和进步。父母要鼓励孩子关注自己的努力和进步，而不是过于在意他人的目光。

你可以这样说——

"无论是衣服还是鞋子，其实都只是外在的东西，不要太执着。"

"你成绩好了，其实就没人关心你到底穿什么鞋了，况且，说不定还会因为你，引领一个新潮流呢！"

"社恐" 没朋友

　　女儿以前是一个很开朗的女孩子，周末总是会早早跟同学约好，结伴一块儿出去玩。最近却不知道怎么了，女儿好像悄悄变了，她已经很久没有跟自己的朋友外出了。

　　每当你提醒她可以出去走走的时候，她却总是摇摇头，告诉你，她还有别的事情要忙。本来你也不以为意，但是你发现最近女儿好像不像原来那么开朗大方了，她总是一回到家就把自己的房门紧紧关闭，直到吃饭时间才会出来；即便是在饭桌上，她也不像原来那样，主动跟你们分享学校的事情，她只是默默地扒着自己碗中的饭，吃完饭之后，再次回到自己的房间。即便是跟你说话，女儿也不敢与你眼神对视，她的眼神不断闪躲，好像是做了什么亏心事一样。你试着带她出门，她也总是找各种借口推托，好像对于女儿来说，社交是一件很困难的事情。

　　你突然意识到，你应该跟女儿好好谈谈了，孩子怎么现在越来越"社恐"了？

"你还是要多跟别人接触，不要封闭自己。"

"你跟别人多说两句咋了？别人也不会吃了你，你就正常跟别人说话呗。"

"你以前不这样的啊，怎么越长大还越倒退了，上回路上遇见你李阿姨，你都不知道打个招呼，真让我丢人。"

"我说这么多，你就不能有个回应吗？别低头，看着我！"

即便是你已经这么说了，女儿也好像没听见一样，反而将头垂得更低了，你三催四请，她才终于跟你说了心里话——

"我有点'社恐'，我不想跟别人多说什么。"

"好像班里面的其他同学跟我小学同学不一样，我说的话几乎没什么人在乎。"

"我现在也不想在同学们面前多说话，你们别逼我。"

"我现在在别人面前说话，别人看着我，我实在是觉得很难受，没人看着我就好了。"

从女儿的话中不难看出，女儿在人际交往中不会较为成熟地处理好与同龄人的关系。她现在的情况，用流行的话来说，就是有点"社恐"。青少年形成社交恐惧症，不是某一个原因造成的，而是多种因素相互作用的结果，包括生理、心理和社会因素。

社交恐惧症的发展与青春期少男少女神经递质，如血清素和多巴胺异常有关。青少年时期自我意识增强，当女儿持有较为负面的社交自我观念对自身形象过度关注时，她对他人评价的敏感性提升，就有可能引发社交恐惧。家庭中的过度保护、过分批评或过度自由的教养方式，甚至是童年时期的负面社交经历，如受到欺凌或拒绝都可能影响少女的社交信心和能力。

其实，适度的焦虑在某种程度上是正常的，因为它可以在适当的情况下激发我们的应对机制，帮助我们应对挑战和困难，家长也需要告知孩子，保持一定程度的社交焦虑是正常的。

你可以这样说——

"社交恐惧症是一种常见的青春期困扰，它可能让你在社交场合中感到害怕和紧张。不过，这种'社恐'其实很正常，偷偷告诉你，妈妈也会因为在众人面前做报告而紧张不安。"

"哎，在众人面前讲话、做报告确实会让人感到焦虑，这多正常！"

"妈妈也会因为这个'社恐'而有点烦恼，但是，我还是尽可能地克服这个困难，不然可就没法做升职报告，你也就吃不到我的升职排骨喽！"

Part 2

父母从亲人变"敌人"

孩子到了青春期，代表着亲子关系即将进入一段风雨飘摇的时光。亲子关系的界限，有时变得清晰，有时更加模糊，因为孩子们正在成年与未成年之间摇摆。

　　青春期，对于我们的孩子来说，是一段充满激情和挑战的时光，同时也是自我认知和自我发现的旅程。青春期的孩子迫切需要自由，需要掌握自己的生活，希望能够自己做决定，于是青春期的孩子们开始逐渐尝试摆脱父母的保护，探索自我、探索世界。

　　而父母习惯了对孩子指手画脚，还没构建新的相处模式，总是在不知不觉间与孩子争夺他们的"自主权"。在这个过程中，父母和孩子的情绪都常常失控，矛盾不断升级，家庭气氛常常如暴风雨般汹涌澎湃。

　　孩子的内心逐渐筑起高墙，逐渐远离父母，向着自己的独立迈进。她们开始质疑父母的权威性，不再轻易听从父母的建议，跟随自己的独立思想行动。父母则往往感到无法理解，认为她们在反抗，对她们的决定嗤之以鼻，觉得她们变成了一个"不听话的小孩"。

　　这时，亲子关系也不再是单一的模式，它是一场持续的探索，一段复杂的旅程，需要孩子和父母共同去理解、去适应、去塑造。

　　父母需要学会如何有效地与孩子沟通，理解孩子内心的需求，同时也将自己的经验和智慧讲给孩子听。睿智的父母会通过沟通了解女孩的思想，向她们展示成熟理性的生活方式。

　　孩子到了青春期，父母不必如临大敌，只需放下身段，和孩子一同探索，让孩子在追求自主的同时，珍视与父母的深厚情感，只要彼此尊重和理解，定能在青春期的风暴中保持坚韧的亲子关系。

能不能别再唠叨了

女儿虽然早已经摘下红领巾，进入初中校园了，但是她在你的眼中还是个小孩子，身上还有一堆毛病。她一个初中生，还不知道早起，不知道自己收拾好书包，一天天丢三落四的……有哪一件事情，你不提醒她自己能做好？

今天，你一进家门，就看见女儿坐在沙发上，身旁散落着各种打开的书，她手里拿着课本，脸上挂着微笑，眼神却没落在书上。你可以明显看出她有点儿心不在焉，她捧着书，但是好像也没有认真看书。你走过去，一边帮她收拾乱七八糟的沙发，一边嘴里忍不住抱怨着："你这个孩子，都跟你说过多少次了，书从哪里拿来，就要放回哪里去，用一本，拿一本，你看看，这又弄得乱七八糟。"

女儿突然把书放到腿上，大声说——

"你能不能别再唠叨了？"

"别说了，我都15岁了，都快成年了，这些小事情我都能做好的。"

"你天天跟个唐僧一样，对着我念经，烦死了。"

"你越说我越烦，能不能别说话了？"

你一听，立即火冒三丈——

"我操心、我唠叨都是为了谁啊？都是为了你好！"

"你要是把心思都放在学习上，我就不用操心了！"

"你嫌我唠叨？我自己都嫌我自己唠叨！那你看看我不说你行吗？你现在像什么样子！"

"你就不能理解一下大人吗？你一天天就只有上学这一个任务，大人每天有多大压力你知道吗？大人的辛苦你一点都不理解！"

这些话一出口，女儿一定马上火冒三丈。家长的这些话，当然是心里话，也是为了孩子好。但是这些话，家长选择以一种高高在上说教的形式说出来，孩子会难以接受。这些话不仅伤害了孩子的自尊心，同时会把孩子从你身边推得更远。

这些话表面上看起来是一种善意的提醒或建议，但实际上可能会给女儿带来负面感受。

比如，当我们对女儿说"赶紧起床"或者"记得换身便于运动的衣服"，可能会被女儿误解成"你做不好这些小事"或"我觉得你需要我来提醒你"，这可能让女儿感到自己的能力受到怀疑。

当我们强调"你别磨蹭了，快点去学习"或者"别干别的了，别让我一趟趟过来监督你"，女儿可能感受到的是"我不相信你能自主学习"或"如果没有我监督，你就不会做正确的事情"，这可能导致女儿的主动性和独立性受到压制。

另外，当我们责问"为什么你就不听大人的话呢？"并解释为"我是为你好啊"，可能会被女儿理解为"你不听我的话就是错的"或"我认为你没有处理好这件事情的能力"。这可能削弱女儿的自信心，限制她尝试新事物的勇气，以及表现出你不相信她具备从错误中学习的能力。

从长远来看，以唠叨的形式过于频繁地传递负面情绪，可能会导致女儿失去自主性，甚至影响她的情绪健康。

女儿正处于青春期这个特殊阶段，这一时期充满了各种变化和探索。面对这个世界，女儿也在逐渐摸索、建立一种专属于她自己的处世之道。女儿已经不再是小时候那样，需要妈妈处处提点，她想要自己去探索这个世界。但是这个阶段的妈妈，还没来得及转变，往往会一不小心就把在孩子小时候过度保护的习惯，一直延续到孩子的青春期。妈妈还在为了女儿处处打点，时时提醒，尽可能地提供保护，还是把孩子当成一只未长成的"雏鸟"。但是女儿正在长大，她对独立自主的渴望，必然会与母亲的过度保护行为产生矛盾。她有可能会觉得妈妈的过度保护，导致自己无法展示自己的能力，更没办法独立，妈妈的唠叨对她来说是一种禁锢。

进入青春期的女孩，逐渐形成了自己独特的自我意识。她们开始渴望独立，希望能够自己探索世界、做出决定。母亲的"唠叨"在她眼中，会让她心烦意乱，她还会认为母亲总是在"管着她"，这种束缚，会让她感到沉重和窒息。这种抵触心态常常会引发母女之间的冲突。同时，母亲在教育女儿时，也可能受到压力和情绪的影响，导致教育方式显得过于强硬，这使得女儿难以理解母亲的良苦用心。虽然母亲的初衷是为女儿好，却无法让叛逆的青春期女儿感受到母亲的深情和善意。

母亲可以选择恰当的时机，让孩子感受到关心和支持。有时候，一句鼓励或者启发的话语，可能比一连串的唠叨更能引起女儿的共鸣。

你可以这样说——

"女儿，你要是有什么想跟我说的，欢迎你随时跟我聊聊。"

"我想听听你的想法，或许我们可以一起找到更好的方式来沟通。"

"女儿，我以后不再包办你的事情了，我相信你可以自己把握好早上的时间。"

"你长大了，有自己的想法，我觉得你说得很对。这样吧，你要是再觉得我唠叨你就比出一个暂停的手势，我就不说了。"

有裂痕的父女关系

人家都说，女儿是爸爸的贴心小棉袄，但是偏偏你家的"小棉袄"好像有点"漏风"。

女儿在小的时候，似乎很喜欢缠着爸爸，每次爸爸一回家，女儿就拽着爸爸说这说那，总是有说不完的话。现在可好，女儿不仅不会像小时候那样，跟爸爸无话不说，甚至还表现出隐隐约约的抵触情绪。

这个周五要开家长会，你有事去不了，告诉女儿，这次的家长会是爸爸去。

谁知女儿一口否决——

"让我爸去还不如找小姨。"
"我爸哪有空管我，爱去不去吧。"
"我爸根本不了解我，他去干吗？"

你没想到，女儿竟然会这么说。怎么？亲生父亲还不了解她了？你停下手中的事情，想问问清楚，为什么女儿觉得爸爸不了解她。结果，女儿就开始滔滔不绝地吐槽爸爸。

于是，你想为爸爸解释两句——

> "爸爸还不是为了咱们这个家在奋斗。"
> "你爸到处奔波，多不容易，多理解一下爸爸吧。"
> "你爸肯定是爱你的，他只是太忙了。"

从女儿的表情中，你能看得出她才不认可你的话！于是，你们坐在一起深入聊了聊，你这才发现，女儿对爸爸的理解跟你想的天差地别。

原来，在女儿的眼中，她爸爸就像是一个"家庭边缘人"，爸爸似乎一天到晚都不着家，即便是偶尔在家，他也是忙着各种应酬，没什么时间跟女儿聊聊天。爸爸好像并不关心她的学习，也不关心她的生活，更不关心她现在有没有什么烦恼。

总之，这个爸爸好像永远都是工作优先，即便是没有工作，可能也是各种应酬。反正在女儿的眼中，爸爸在家的时间很少，爸爸完全不了解她。

女儿这种抱怨并不意味着她是抵触爸爸的，相反，女儿是渴望与父亲建立亲近的关系的。但在现实生活中，父亲可能过于严厉，或者不知道该如何表达对女儿的关心，又或者确实工作繁忙等，这都很容易让女儿误以为父亲根本不在意或不关心她。于是，女儿也就会与爸爸保持距离，不愿意与他相处，更愿意与充满关爱、细心教诲的妈妈相处。

　　所以，妈妈可以作为纽带，创造爸爸妈妈与女儿共处的机会，例如定期安排一些特别的活动，像共进晚餐、一起逛超市、参加体育活动等。在这些轻松愉快的场合，父女之间的交流也会是自然而轻松的。爸爸在这种较为愉快的家庭氛围中，注意积极倾听女儿的话语，适时表达对她的关心和理解。爸爸也可以主动询问女儿的日常，倾听女儿的感受和烦恼，以此展示自己对她生活的兴趣。在恰当的时机，爸爸还可以分享自己的工作生活经验和想法，这有助于与女儿拉近彼此距离，让女儿更了解爸爸的内心世界。

　　你可以这样说——

> "走吧女儿，咱们一家三口今天不在家吃了，爸爸请你们吃大餐。"
>
> "嗨，这不是什么过不去的坎，走，爸爸带你去爬山，带你去看看真正的'爬不过去的坎'。"
>
> "快点，咱们今天一块儿去游乐园，我胆子小，你要是不去，我也不敢坐过山车。"

我说了你也不懂

女儿最近嘴里总是冒出各种各样的新词，什么"yyds""咕卡""欧皇"……这些词你听都没听过，你想凑过去问问这些词是什么意思，她也就是一句"哎呀，反正你也不懂"，她根本不想多说。

仔细一想，女儿早已经把自己的小世界关起来了，甚至还对你贴上了"请勿打扰"的标签。你每次问女儿最近在学校怎么样，得到的答案永远是"挺好的""没什么"。你想要接着问她的近况，正在想下一个话题的时候，女儿已经甩下一句"没什么好说的，你不懂的"，然后采取"闭上嘴巴＋回自己房间"的防御策略。你看着已经关上的房门，只能"望门兴叹"，你有点无奈，这句"你不懂"都快成为女儿的口头禅了。

那天，女儿回到家中，把书包往沙发上一扔，就一个人坐在沙发上，一副若有所思的样子。你走过去，问她怎么了，她也只是一脸不耐烦地摆摆手，压根不想说。在你的一再追问下，女儿才告诉你，老师今天当着全班同学的面批评她。你听到女儿的答复，本来还悬着的心就放下了，不过是老师的提点，这没什么的。"没事，这有什么大不了的。"你按照自己的理解，随口一说，没想到正是这句自以为是的安慰，反而好像踩住猫尾巴一样，女儿反应很大，立马将身子背过去，轻轻吐槽了一句："你看我就说你不懂。"

哎，你发现你已经越来越不了解女儿了！女儿说的那些"新词"你压根听不懂，即便是你主动问问她最近的烦恼，也经常聊着聊着就戳到了她的"雷点"，她一句"你不懂"，迅速结束聊天。

天哪，怎么会这样，似乎昨天她还那么小，还在听你给她讲道理，今天就已经听不懂她嘴里在说些什么了。而在她眼里，你就是那个不懂她的人。似乎现在的潮流，你不懂；她的学校生活，你不懂；她的烦恼，你还是不懂！

> "我超级满意我的 ootd 哎！"
> "妈妈，这个蛋糕真是 yyds！"
> "真是蚌埠住了，就考这么点分数，我真的栓 Q。"

当家长的，一听到女儿嘴里又在说那些你听不懂的话了，你不好问她这是什么意思，于是你只能用家长的权威压住她——

> "这都是什么怪里怪气的词，就会学这些没用的！"
> "一天到晚地学这些没用的，你有时间，把精力放到你的学习上吧！"
> "你就不能好好说话吗？好好的中国话，你就不好好说！"

女儿似乎每天都在说着"你不懂我"，这好像都成她的口头禅了——

> "你别追着我问了，你又不懂。"
> "算了，我说了你也不懂。"
> "行了行了，你不懂，就甭操心了。"

听到孩子这样说，你是有苦说不出，还是愤怒被点燃？父母收到"你不懂"这种"软钉子"时，往往有苦难言。确实，父母跟女儿不是一个年代的人，越来越听不懂女儿嘴里稀奇古怪的词，自己也不好意思问，确实不懂。"你不懂"到底是不懂什么呢？真的是听不懂女儿的流行词，看不懂现在的时尚这么简单吗？恐怕这只是表面问题，追根究底是"不理解"带来的不懂。

有时候父母看到女儿不高兴，想要帮助女儿缓解不良情绪，还没说几句，就会被孩子的一句"你不懂我"，没收了沟通入场券。当孩子说"今天，老师当着全班同学的面批评我"，她所期待的是你对她情绪的理解与包容，但是你一句"没事，这有什么大不了的"，女儿立马就会感到自己没有被理解，你忽视了她的情绪，她会敏感地认为你是不懂她的。

青春期的少女有许多自己的小心思与烦恼，父母却总是用大人的尺度去衡量。父母意识到女儿正处于不良情绪的时候，总是想办法让负面的情绪很快消失，或者，直接无视女儿的不良情绪。这时候，父母没有好好接纳女儿的情绪和感受，反而回避了女儿的情绪，女儿感受到自己没有被理解和接纳，就会越来越不愿意跟父母吐露她的心声，父母也就越来越不懂女儿了。

　　女儿正在长大，她随着时代共同进步是一种必然，"我说了你也不懂"其实代表的是孩子在逐渐成长，父母无须焦虑，首先应当放平心态，接纳自己的"不懂"。

　　父母除了需要接纳自己的"落伍"，更需要收起一部分家长的权威。部分父母被"权威惯性"左右，敏感的青春期女儿不敢与父母沟通，即便遇到了困难也不乐于与父母交流，长此以往，父母也就愈加"不懂"女儿了。父母想要读懂女儿，首先必须明确：父母的绝对权威仍然有用，但必须折叠，在有绝对需求的时候再拿出来。

　　你可以这样说——

> "'柠檬精'这个词我们办公室也有人这么说，我都不知道是什么意思，你能给妈妈科普一下吗？"
>
> "这是那什么咕卡吗？真好看，怎么做的啊？"
>
> "你的ootd真不错啊，这回老妈是不是没用错啊？"

禁忌话题：别人家的孩子

你的口头禅就是"多学学人家"，因为你总是觉得别人家的孩子更好，女儿总有进步的空间。女儿越长越大，你也很着急，怎么自己家女儿就是比不上别人呢？于是你经常告诫女儿，多跟优秀的孩子学学，学习别人的优点，这才能进步更快。女儿长大了，有自己的主意了，她听你说这些话的时候，总是表现得不太高兴，经常就是口头附和一下，也不知道孩子有没有听进心里。

在电梯间，你偶然碰到了邻居，闲聊间，你才得知：邻居的女儿从来不打游戏，也不刷短视频，一回家就开始写作业，写完作业之后还帮爸爸妈妈干活，回回考试都是年级第一。你一边感慨别人的孩子这么乖巧懂事，一边打开了家门，结果眼前的场景让人惊呆了：家里乱七八糟的，简直就像是被洗劫过一样，女儿居然还瘫在沙发上一边吃着零食，一边玩着平板电脑。

你看到这个场景真是气不打一处来，立马就开始抱怨："你看看邻居家女儿可优秀了，你考不到年级第一就算了，至少像人家一样懂事吧！

这家里乱七八糟的你也不收拾收拾，一点也不像个大姑娘。"女儿听到这话，倒是没像平时一样，直接"嗯嗯啊啊"地附和过去，她今天直接对你怒目而视，拿起自己的外套，愤然出门。

你越想越生气，她怎么这么大脾气？以前你也拿别人家的孩子跟她比较过——

> "你看看别人家的孩子，你再看看你自己！"
>
> "妈妈真是为你操碎了心，妈妈像你这个年纪的时候，成绩可比你好多了。"
>
> "为什么要跟别人比？当然是因为别人优秀啊，你超过了她，还怕比？"

以前说这些，她也乖乖听着。现在可不得了了，听到这些话之后，不是摔门出去，就是以更高的音量，冲着你吼出她的想法——

> "为什么要比？我和她有什么可比性？"
>
> "你要是这么喜欢她，你就去做她的妈妈啊。"
>
> "你到底爱不爱我？我看你更爱的是别人家的孩子吧！"

当父母的也想不到，只不过是一些无意识的比较，女儿的反应就这么大，不就是跟"别人家的孩子"比比吗？她至于如此吗？

当然至于！其实这种比较本来就是无意义的，也可以说这是一种"踩一捧一"的教育方式。中国式父母受到传统家庭影响，习惯性将自己对孩子深沉的爱藏于严厉的批评之下。孩子退步了，家长一定要批评；孩子进步了，家长还担心孩子得意忘形，习惯性打击教育，笃信"响鼓需要重槌敲"。

青春期的女生自我意识逐渐觉醒，渴望被平视，希望获得肯定。当家长"贪心"地用自家孩子的短处与别人家孩子的长处对比时，渴望激发出孩子的潜质，却往往戳到孩子脆弱的自尊心，伤害了孩子，破坏了家长与孩子之间对话的可能。

父母不妨把这种常用的"激将法"收一收，重新调整自己对于孩子的期待值。每个孩子都拥有独特的优势，也一定会存在一些短板。家长客观的评价，可以留给孩子成长进步的空间，家长要为孩子提供正向信号，引导孩子乐观面对学习生活。

你可以这样说——

> "妈妈觉得英语是你的优势学科，但是你还需要在数学这个学科上多多努力，妈妈跟你一块儿努力。"
>
> "即便是学习成绩不好，你也有你的优点，要多多发挥优势啊。"
>
> "没关系，虽然你的语文成绩不如她，但是妈妈看得到你的潜能，你也要多多加油啊！"

别进我房间

　　女儿进入青春期，似乎就想要跟你们"划清界限"。她跟你约法三章：她的卧室，进门之前先敲门；她的东西，未经允许不要碰；她的手机，不能随便翻看。女儿简直就是小题大做，你有时无意间就违反了她的要求。

　　你切好了水果，想要给女儿送进去，你看到女儿房门漏着一条缝，也就没有敲门，直接推门进去了。女儿听到动静立马转身，然后问你："怎么进来也不敲门啊？"

　　这种事情已经不是第一次了，最近那些紧闭的房门、上了锁的抽屉、藏起来的日记本……这一切似乎都在向你宣告：女儿正在离你远去，你完全不了解你的女儿是怎么想的，女儿好像正在拼尽全力跟你划清界限。

　　是不是女儿正在做什么"出格"的事情？要不然的话，有什么不能让你看的！不行，绝对不行！你必须得知道女儿在做什么，在想什么。

　　于是，你试着偷偷打开房门，走进女儿的"领地"，偷偷翻翻女儿的柜子，偷偷看看女儿的手机聊天记录……

终于，有一天被女儿发现了，你们俩大吵一架，一发不可收——

> "谁让你随便进我的房间了，这是我的房间，我没有'请'你进来！"
>
> "干吗翻我的东西，我的东西我都有数！你不要乱碰！"
>
> "妈妈，我再也不信任你了，你以后都别进我的房间，请你尊重我的隐私！"

孩子的怒意你感受到了，你忍耐再忍耐，但还是没办法完全消解，于是你也忍不住冲着孩子喊了起来——

> "这是我的家，连你都是从我肚子里出来的，怎么现在还要你的许可才能进来了？"
>
> "谁稀罕动你东西了，这不是因为你什么也不跟大人说，大人也是想知道你有没有做过分的事情，是为了你好啊！"
>
> "就跟谁稀罕进去一样，你这孩子真是的，还跟大人分彼此了！"

那么，父母为什么想要走进女儿紧闭的房门，偷偷翻看女儿的隐私？其实就是源于父母心中的不安。父母发现原本的乖乖女在进入青春期之后，不再像小时候那样听从父母的安排，不再什么都告诉父母，也有了自己的小秘密。

青春期的一大特点就是封闭性，这一阶段的孩子关注自己的空间和隐私，维护自己的"领地安全"。有些家长感受到孩子的闪躲之后，会尝试通过各种途径窥探孩子的想法与秘密。但大多是搬起石头砸自己的脚，很多被孩子藏起来的"隐私"，不过是一些日常琐事，却因为父母的窥探，结果引发一系列的亲子矛盾。窥探不会帮助父母了解孩子，却会实实在在造成对孩子的伤害，不仅会让孩子的自尊心受损，也会直接破坏父母与孩子之间的信任感。

你需要尊重孩子的隐私权，如果孩子有秘密不愿意跟你分享，可能是因为孩子没有跟你建立相互信任的关系，家长可以尝试通过"认真倾听孩子的话""为孩子保守秘密""主动分享自己的小秘密"这三个步骤，逐渐与孩子建立平等互信的关系。

你可以这样说——

> "你有什么不高兴的事情，都可以告诉我，我保证不多评价，做一个安静的倾听者。"
>
> "当然了，我知道你也在成长，你可能会觉得有些事情不方便跟我说，你不想说可以不说，我理解，我像你这么大的时候，其实也不希望大人管得太细。"
>
> "如果你有任何想和我分享的事情，无论是开心的还是烦恼的，我都会倾听，当然，我不会强迫你透露你不愿意说的事情。"

家长需要明确：尊重孩子与了解孩子并不矛盾。家长可以跟孩子达成共识，首先是跟孩子划清边界，明确哪些是"隐私"，避免孩子拿隐私当借口，隐藏一些不当行为。在与孩子一起划定隐私范围后，家长要与孩子共同制定一种规则，既可以让孩子感受到自由，也可以在一定程度上避免孩子走上歧途。

你可以这样说——

　　"这样吧，我们来一起确定一些关于隐私的规则和边界，这样既可以让你有足够的空间和自由，也可以让我放心了解你的状况。"

　　"你先说说，你希望哪些事情是属于你私人的，不想我们干涉的呢？"

我大怎么了，就得让着他？

家里面有了二娃，这本来是一件令人欣喜的事情，结果女儿却总是表现出相当过激的反应。

早在你刚刚宣布有了二胎的时候，女儿就表现得相当激怒，她当时直接对你们喊，质问你们：是不是觉得她这个"大号"练废了，你们才要"开个小号"重新练？是不是有了二娃，给予她的宠爱就会被分走了？面对这些问题，你们有点无奈，用了好大精力才把女儿哄好。

本想着二娃出生，女儿就会跟二娃和谐相处，她会慢慢爱上老二的，却不想女儿无意间听到"宝宝"这个称呼的时候，她直接向你们哭闹，不断重申"宝宝"是她的专属称呼，不允许你们这么称呼二娃。

无论你们怎么向女儿解释，即便有了二娃，你们也不会忽视女儿，也不会把女儿从家庭成员中排挤出去，二娃不会威胁她的家庭地位，但是女儿就是不听。现在二娃已经慢慢长大，女儿对二娃的敌意更加外露，她有时候会抢老二的东西，甚至会故意"欺负"二娃，你也总是尝试制止她。所以你经常这么说——

"你是老大，你比他大几岁啊，你能不能不要跟小孩子一样，你应该更懂事，让着老二。"

"老二都是乖乖的，你又怎么招惹他了？"

"你是做姐姐的，要大度，快，你去跟老二道个歉，这事就算过去了。"

"你抢他东西干吗？你又用不到，你这么大了，爱护幼小的道理，你在学校没学过吗？"

你本以为这样的劝说可以让家里恢复平静，至少女儿可以不再生气，却没想到女儿听到你这样说之后，立马开启了机关枪模式——

"我大怎么了，我大点就该什么都让着他？那我可真是倒霉！"

"我就说，这个老二的出生就是想要抢走你们的关心吧，你看，果然，心都偏到哪儿去了？"

"我就知道你会这么说，你就想让我让着老二呗，你有没有在意我的感受啊！"

"我不稀罕这点东西，我就是想看看你们的态度，你们就会惯着老二，他就是你们的宝，我啥也不是了，对吧？"

你看到不断怒吼的女儿，一时之间有点恍惚，这是怎么了？本来乖巧听话的女儿，现在怎么变成这样了？

女儿只能看到父母迎接二胎时的欣喜与紧张，父母将更多关注的目光投射到老二身上，不再将家庭的中心放在她的身上，她的心里会产生失落感，行为上也会有所表现，比如她抢走老二的玩具，弄乱老二的绘本……这些看似无理取闹的言行，其实是在向父母敲起警钟：你需要关心老大，并且妥善处理好两个孩子的关系。如果家长此时选择回避，或者是粗暴地大声斥责女儿，只会将女儿从自己的身边越推越远。

其实，父母的时间与精力都是有限的，父母在二胎来临后，会抽出较多的时间去照顾老二，这是很正常的。但是家长需要注意的是，在关注二娃的同时，需要用实际行动表现出对老大的关心与爱护，也可以允许老大适当发泄自己的情绪。另外，有一些"恶魔之语"，千万不要在孩子面前说出来，比如"你是姐姐，你应该……""你这么大了，还这么不懂事……""你让着点弟弟 / 妹妹不行吗？"

你可以这样说——

"你现在是不是很委屈？你是怎么想的？你可以说出你的感受。"

"来，别站在那里了，我们一起坐下来，你会觉得舒服点，可以开始沟通了，我们再来一起解决问题。"

"这样，你先回自己的房间，我把这儿收拾一下，咱们再聊聊。"

Part 3

"内心大戏"永不停息

青春期，为少女们敞开一扇神秘的大门，这个大门背后充满着未知。这是她们生命中的一场大转变。

　　在这场大转变中，她们不仅身体经历着生理上的转变，内心世界也在承受各种冲击。从儿童到成年人的过渡，就像凤凰涅槃，在痛苦中重生，她们曾经的内心平静，现在变得一片"兵荒马乱"。

　　其实，青春期的问题并不是突然出现的，它们早已存在于她们的成长过程中，欢乐、痛苦、矛盾、纠结等情感一直伴随着她们。这些"内心大戏"在她们长大成人之后也不会消失，步入中年的父母对此也深有体会。只不过在青春期，这些问题被放大了，如同放大镜下的微观世界，一一呈现在面前。

　　在这个时期，父母和女孩们都可能感到手足无措。女孩们为了追求独立，可能会与父母产生冲突，而父母也无法理解女孩们的行为和情感。这时的沟通不再是一件简单的事情，而是建立更强大亲子关系的关键。

　　父母们面对焦虑、忧郁、易怒的青春期少女时，应该如何理解她们的内心世界，如何建立更深刻的情感纽带，如何帮助她们度过这个充满情感波动的阶段呢？

焦虑得转圈圈

上初中了，女儿更加在意学习成绩，在意老师的要求了。女儿一直希望自己是别人眼中的"好孩子"，于是她总是严格要求自己，给自己定标准，一旦她做不到，就很容易产生焦虑的情绪。

女儿在屋子里面走来走去，拿着一本英语书，嘴里不断地叨咕着英语课文。她背着背着就想不起来了，看两眼，又重新开始背，然后又卡住了，又重新开始……

她在屋里来回转悠，转得你头都晕了，这都一个多小时了，眼看她的步伐越来越烦躁，背得也越来越不顺利，你也不由得为她捏了一把汗，希望她可以赶紧顺利背完，省得她暴走。

但是事不遂人愿，女儿终于背不下去了，她整个人重重地甩到了沙发上面，然后用英语书盖到脸上，显得很颓丧。你去倒了杯热牛奶，想要安慰一下女儿，她却已经突然起身，拿起英语书开始重新背诵。

你端着牛奶，对着女儿劝说道："乖女儿，你先停下来，喝点牛奶，休息一下吧，换换脑子，等会儿再背也来得及。"

女儿摇摇头："不行，我要抓紧时间背课文，万一明天上课老师抽查，我要是背不出来的话，岂不成了全班同学的笑话，要是传到别的班，我就更丢人了！"

你听到女儿的话，突然耳边回响起女儿经常说的话——

"怎么办，就差一点点，我又比丽丽低 5 分。"

"时间不够了，可是我觉得我做的这个 PPT 还不完美。"

"我要是以后一直庸庸碌碌，难道就这么过一辈子吗？"

"我要是做不好这件事情怎么办？"

你突然意识到女儿是一个很容易焦虑的孩子，她这么焦虑正常吗？你又该如何去帮她呢？你很迷茫。

孩子们在面对压力和困难时，常常会出现负向的认知歪曲，从而导致焦虑情绪的升级。这种认知歪曲包括"灾难化"（将某些情境看作灾难性）、"过度概括"（基于少数负面经验得出广泛负面结论）、"黑白思维"（将事物分为极端的好与坏）等。

比如这次女儿就顺理成章地将背不过课文、老师批评、班级同学笑话她这三件事情串联在一起，但事实上，背不过课文也不一定会遭到老师的批评、班级同学的嘲笑，这就是一种典型的"灾难化"认知歪曲。正是这种认知歪曲，才升级了女儿的焦虑，让她的背诵任务增添了更多的压力与负担。

家长需要帮助孩子认识到她们的认知歪曲，比如"灾难化"等，让她们能够自我观察这些想法的存在。家长和孩子可以一同探索她们的担忧是否合理，有多少证据支持她们的担忧，是否有其他更积极的解释。

你可以这样说——

> "我明白你在担心什么，不过，你们班之前有没有谁当着大家的面，没背过课文的情况呢？"
>
> "那你笑话那个没背过课文的同学了吗？"
>
> "既然你都没笑话他，你认为同学真的会因为你没有背出课文而嘲笑你吗？"
>
> "你是不是越着急背的效果越差？我们先试试休息一下，给脑子一个'课间'吧。"

一点就爆的炸药桶

最近家里的气氛紧张，女儿好像变得越来越难"伺候"了。有时候，饭菜不合心意，女儿就直接不吃了；你给买的衣服她也出言讽刺，说是只有小孩子才喜欢；你早上叫她起床，她都觉得你是多管闲事……

总之，在家里，女儿似乎常常面带怒色，甚至有时候会因为一点小事就发火，一言不合就摔门而出。

小时候，女儿是乖巧听话的，她给家里带来了许多欢乐。但随着她逐渐长大，进入青春期，她似乎变了个人，变得口无遮拦、暴躁，甚至可以说吵架就是母女二人唯一的沟通方式。母女间的争吵几乎每天都会在家中上演——

"我都多大了，你还去学校接我，班里同学都笑话我，说我是'妈宝'。"

"又是西红柿炒鸡蛋，天天都是西红柿炒鸡蛋，你还会做别的吗？天天吃腻歪死了。"

"幼不幼稚，你看看你挑的颜色幼不幼稚，我都初中生了，我还穿粉色，妈，你一点都不了解我！"

"迟到也是我自己的事情，你能不能别管我，我要是迟到了，是我活该，行了吧！"

看到女儿这么愤怒地对着你吼，你当然也不甘示弱——

"你这孩子，妈妈是想突然给你个惊喜，你怎么还不领情？"

"你以前最喜欢西红柿炒鸡蛋啊，妈妈想着你爱吃才专门给你做的，得了，妈妈怎么做都不对了是吧？"

"粉色怎么了，多像个女孩子，你看看黑色的好看吗？黑不溜秋的，像个过夜的蝙蝠。"

"行，以后我都不叫你，行了吧！你求着我，我也不叫你了！"

"砰！"果然，女儿又把她的房门关上了！每次吵架吵到不可开交，女儿都是这么结束"战局"的，只是总这么吵下去也不是个办法啊，那个乖孩子去哪里了？

实际上，所谓的"乖女孩变火药桶"，这不是由单一因素导致的，青春期女孩坏脾气的形成，是一系列因素共同作用的结果。从生理角度看，青春期女孩身体正在经历着"第二个迅速发展期"，在这个时候，她们的身体内部会大量分泌激素。激素的大量分泌会导致她们的情绪变得更加容易波动，她们往往更容易产生暴躁情绪，这有可能让原本乖巧温和的女儿突然变成坏脾气少女。

从心理学角度看，青春期女孩的自我意识逐渐凸显，她们不再愿意事事听从权威，开始渴望被当作成年人。然而，这些青春期的少女由于缺乏充分的生活经验，在实际生活中经常会遭遇挫折。她们常常将自己视为成年人，却难以应对生活中的现实问题，这些挫折必然会导致她们内心的不稳定性增加，情绪也变得更易急躁。这种差距感和自我认知的混乱，也是她们坏脾气产生的原因之一。

家长在面对一点就炸的女儿时，总是有点手足无措，因为面对女儿，家长不会像是对待儿子那样简单粗暴，毕竟要考虑女儿的心理承受能力，防止因为过于严厉的教育而产生更强烈的反作用。

这时候，家长可以先认同女儿的情绪，即在她产生负面情绪时，家长表现出理解和共鸣，对她的情感体验表示支持和接纳，而不是无视或轻视她的情感。这种做法有助于减轻女儿的情绪压力，增进亲子关系，使她感到被理解和被关心，从而更容易与家长合作和沟通。

青春期女孩的情绪往往是"爆发式"的，有时候她自己都很难控制自己的情绪，如果这时候家长再"火上浇油"，进一步跟女儿争执，最后的结果一定是不尽如人意的，只会使女儿产生更多的负面情绪。相反，当女儿感受到家长的支持和理解时，她们更有可能学会自我调适，从而降低情绪爆发的可能性。

你可以这样说——

"我能理解的，我要是你我也会这么生气。"

"你说得也有道理，确实是我无视你的情绪了。"

"我之前还劝说我的同事呢，他就一点儿不听女儿的想法，我觉得这样很不好。"

　　家长还可以为女儿提供一些宣泄情绪的方法，使女儿在不影响他人的前提下，释放负面情绪。这种方法可以让她们在情绪激动时，有一个安全、健康的出口，从而减轻内心的紧张和不安。

　　你可以这样说——

"女儿，我带你去一个秘密基地，那没有别人，你不要顾虑别人的眼光，你不高兴，就对着树林大喊，心情会很舒畅。"

"你要是有不知道该怎么办的事情，你就告诉我，我就是你最好的听众。"

"如果你感觉你的坏脾气要爆发了，你就拿你的枕头出出气。"

"你现在想不想去运动？我们去打保龄球，把你的坏心情都'打倒'。"

老有人在背后说我

"妈妈，我不想去学校了。"女儿怯生生地跟你这么说着，你一听到这话，就好像晴空霹雳一般，整个人都愣在那里。

"为什么，怎么这么突然就不愿意去学校呢？"你控制住了自己的情绪，稳了稳心神，想要弄明白女儿到底怎么了。

"我觉得班里同学在背后说我。"

你耐着性子，仔细听完了女儿的叙述。原来是这样的，女儿的班里最近在传：班里有个"叛徒"，天天给老师打小报告，这个"叛徒"是个女生。女儿在第一次听班里同学给她讲的时候，就感觉那个同学一边说，一边好像有意无意地在打量她，女儿当时就觉得很不舒服。后来，女儿就注意到，每次班里同学在讨论这个给老师打小报告的女生到底是谁的时候，总有同学往她这边瞟。甚至有时候女儿回望过去，那个往这边看的同学还会朝着她笑……同学们一切不寻常的举动似乎都在向她证明：她被全班同学怀疑了。时间一久，女儿也就越发坚定：同学们怀疑的那个"叛徒"就是她。

女儿想要解释，但是又不知道该跟谁解释，只能默默祈祷大家不要再提起这个话题。那些有意无意看向她的目光，她都觉得像是小刀子一样，把把正中她脆弱的内心。即便现在大家已经不再讨论"背叛者"的话题，她仍然觉得有人在背后议论她，她也越来越接受不了别人投过来的"别有用意"的目光。

你听到女儿这么说，想要劝劝她——

"没有人说是你打小报告啊，你又没做，你怎么就知道别人怀疑你了？"

"清者自清，你不要管别人的眼光啊，你就做好自己得了呗！"

"谁有工夫老看你，是你想多了吧！"

"你要不还是去学校吧，老在家待着也不像样啊，你看谁家的孩子不上学就在家里待着的？"

"这才多大点儿事，你们现在就是过得太好了，闲得你没事才乱想。"

女儿听完之后，向你解释——

"我觉得他们就是在针对我，明明向老师打小报告的不是我啊。"

"他们明明就是偷偷看我了，就觉得是我干的，不然我转过去的时候，他干吗对着我笑？"

61

> "我真是受不了了，我老是觉得大家都在盯着我看。"
>
> "求你了，妈妈，别逼我去学校了，我实在是受不了了。"
>
> "我其实已经在劝说自己了，但是我实在是忍不住，我觉得他们都在盯着我看！"

你听到这些话，感觉自己的心里也产生了刺痛感，这个孩子到底怎么了？怎么变得这么敏感，就这么在意别人的目光？

事实上，女儿已经陷入了青春期常见的多疑心理迷局中。多疑心理主要由暗示引起，表现出对他人不信任的封闭式心理。女儿可能仅仅因为被别人多看了一眼，就产生负面的猜疑，进一步假设对方可能会对自己有负面评价，她觉得别人有意无意地看她是因为怀疑她打小报告。

多疑者常常会被这种消极的暗示困扰，这导致他们频繁地怀疑他人的动机和意图。这种心理状态可能会产生很多负面影响，包括影响人际关系、加重焦虑和压力，甚至可能使他们陷入孤独和自我隔离之中。

家长这时候如果只是简单粗暴地将孩子拉到众人之中，只会让孩子出现应激反应。

家长需要帮助女儿识别，是不是真的有人在背后注视，或者是不是真的有人在背后议论她。家长可以温和地告诉孩子，人与人之间坦诚交流是重要的，与其不断猜测别人，不如主动出击，在合适的时间，与同学进行坦诚交谈，分享自己的想法和感受，可以化解疑虑，解开心中的结。

你可以这样说——

　　"至少我们要先搞清楚，他们是不是真的怀疑你啊，如果不是，你现在的难过多冤枉啊。"

　　"有时候，1000 次的猜测都比不上 5 分钟的交流，我希望你可以跟那些同学聊聊。"

　　"我理解你现在想要逃离的心情，我还是希望你可以试着跟那些同学聊聊，看看是不是有误会。"

　　"你要是觉得很难受，或许可以尝试跟老师聊聊看，看看老师是不是可以帮助你，在学校或许老师可以很快帮你解决这个烦恼。"

重度"拖延症"

你最近有点心烦，女儿上了初中，课业压力变大，作业越留越多，女儿也越睡越晚。眼看着女儿的睡眠已经成了问题，你也坐不住了，就直接联系了女儿的老师，想看看是不是别的孩子也这样。没想到，班主任告诉你，别的孩子似乎没有这个烦恼。你和班主任深聊了两句，这才发现：即便家庭作业增多，其他同学也都能三个小时左右完成，但是女儿总是拖拖拉拉的，这就导致她每天至少写作业五个小时，才能勉强完成，面对这个情况，你哑口无言。

其实你的着急不是没有缘由的，毕竟女儿写作业速度慢，每天完成作业的时间就拖得长，睡眠时间也就被迫打了折扣。她第二天上课的时候难以避免地瞌睡连天，学习的质量也就难以保证，再写作业的时候难度更大，她也更不愿意安静地坐在书桌前完成作业了。

这样下去不是办法，于是，你打算盯着她写作业，避免她拖拖拉拉，早点完成，早点结束。这不盯着还没发现：她一会儿去拿一趟水杯，一会儿去调整房间的灯光，总之她是忙得不亦乐乎，在开始做作业之前，她好像总是有很多事情要做，你实在忍无可忍，这又得磨蹭到几点？于是你开始催她——

> "你快点儿写作业啊，干吗呢，你这是晃悠啥呢？"
>
> "行，你有水了，可以开始写了吧？"
>
> "你书包都不放在你屋里？在客厅吧，你快点儿，别磨蹭！一会儿又半夜了。"
>
> "我看什么跟你有关系吗？你赶紧写作业吧，不写到半夜不行，是吧？"

不管你说什么，女儿确实也跟你说的有来有回的——

> "我等一下就写啊，哎？今天英语留的什么作业？你把手机给我，我得问问同桌。"
>
> "我没偷懒，我这不是得把水杯放这儿，一会儿口渴了好喝水啊。"
>
> "等等，我去找找我的书包，怎么没在我房间啊。"
>
> "行，我去拿，哎？妈妈，你这是看什么呢？"

你看到这一幕无奈地摇摇头，恐怕今天还是晚睡的一天了，最后果然不出你所料，女儿又是忙活到半夜。你没想到，女儿现在这么拖拉，其实她写作业的时间不长，就是零零碎碎的事情分走了她太多精力。

青春期孩子拖拉的原因涉及心理和行为两个方面。拖拉往往源自逃避行为和激进心理。在青春期，孩子的兴趣和态度发生变化，他们更加注重自我认同感和满足感。因此，如果他们对某项任务或责任缺乏兴趣，就可能会将其推迟，这种迎合和逃避源自对任务的好恶感。比如说，女儿对写作业这项任务比较抵触，她就会有意无意地拖延，她会通过做一些其他的事情，推后这件她不喜欢的任务的开始时间。

当然，激进心理也是导致青春期孩子拖拉的原因之一。青春期的孩子更愿意寻求刺激和紧张感，女儿有可能是将任务的拖延视为一种挑战，她试图在最后一刻完成，以获取成就感和兴奋感。这种拖延行为方式在孩子的眼中是一种刺激，特别是家长和老师的焦虑和催促，甚至可能会强化这种行为，使孩子更加坚定地采取激进的拖拉策略。

针对因为逃避心理而拖拉的孩子，家长需要通过鼓励和肯定，培养孩子的自信心，帮助她建立积极的自我认知。家长需要告诉孩子，面对任务并克服困难是成长的一部分，逃避不是解决办法。家长可以提供具体的建议和方法，帮助孩子规划任务，分解难题，从而让任务变得更加可控和有序，逐步引导她克服拖拉的倾向。这个过程就像教孩子学会骑自行车，初始时需要大人的扶持，但随着孩子技能的提升，大人要适时地放开手。

你可以这样说——

"我觉得你不需要五个小时完成作业，你可以试试挑战一下自己，看看今天能不能稍微快一点！"

"这些作业不是什么难对付的任务，我们来一块儿规划一下吧。"

"你先把难的作业做了，如果有不会的，就空下来，明天问老师或者同学，先难后易，作业自然就写得快啦！"

对于激进型孩子的拖拉，家长的过度催促反而可能会成为孩子拖拉的助推器，因此这时就不能采用激励的方式了。家长可以选择"忽视"她的拖拉行为，避免她从中获得刺激感。家长也可以试着引导女儿，真正的本领不是在最后关头完成任务，而是在持续的努力中不断进步和充实自己，如果可以提前完成任务才是更值得表扬的。

你可以这样说——

"你也长大了，今天你自己看着时间完成作业就行，爸爸妈妈就不盯着你了，反正这是你的任务呀。"

"你要是上午完成作业了，下午咱们一家人就能一块儿去逛街，你要是完不成，就只能我们去了。"

"提前完成任务，才能有时间检查，最后一刻上交的任务总是难以让人安心啊。"

"画饼"达人的迷茫

女儿最近总是愁眉不展，好像被什么事情困扰，你跟孩子聊了聊，才发现那个小时候有无限梦想的孩子，现在竟然迷茫了。

女儿在幼儿园的时候闹着学跳舞，她曾经说过长大后想要成为一名舞蹈演员，结果没有两年就换了主意。女儿上了一年级，很喜欢她的英语老师，就跟你说过长大后想要成为一名英语教师，这样每天都会有一群学生围在她周围了。当然了，这个梦想在她上六年级的时候又发生了变化。六年级的时候，女儿的作文拿到了市里作文大赛一等奖，女儿立马就变换了想法，想成为一名优秀的作家。

女儿曾经想做的事情很多，梦想也一天一换，怎么现在转变这么大，突然就说自己没有梦想了？你想问清楚，她现在怎么想的——

> "你不是想成为作家吗？怎么现在又不愿意了？"
> "你这梦想总是变来变去的，难怪你会不知道干什么好。"

"不管干什么都得成绩好才行，你就踏实点好好提高成绩吧，比什么都强！"

"你这孩子就是没个主意，梦想也是三心二意的，现在倒好，干脆说自己没有梦想了！"

女儿听到你这么说，也忍不住反驳——

"我也不知道啊，似乎我在写作方面的天赋也很有限，我真的做得好吗？"

"我现在好像都不知道该做什么，我有时候觉得我有无限可能，有时候又会觉得，我什么也办不到。"

"我跟你说我想做什么，你都会说成绩、成绩、成绩，真是扫兴。"

"我就是说出自己的想法啊，你要是不愿意听，我以后就不跟你说了。"

有一个很有意思的现象：几乎所有孩子在小的时候，都能一口气说出来好几个梦想，好像世界上没有做不到的事情，等到青春期之后，孩子们却纷纷告诉家长、老师"我没有梦想""我不知道长大后要做什么"。其实，家长这时最需要看清楚孩子这么说背后隐藏的信息：我发现自己现在距离实现梦想还很遥远，我说出梦想之后，如果真的实现不了很丢脸。况且，你们还会不停地拿我的梦想督促我努力学习。如果这样，那我不如先保持沉默，我说我没有梦想既不会"打脸"，更不会被数落。

家长对于自己的孩子未来到底会有怎样的人生这一问题，一定是既好奇又担忧。这种期望可能会转换成压力施加在女儿身上，要求她在学业、家庭、社交等方面都表现优异。但是这些期望和压力可能影响她个人的兴趣发展，也和她自己的愿望不符，她会因此感到迷茫，甚至有可能使她忽略自己真正的兴趣和激情，导致她缺乏明确的梦想。

作为家长，不要让自己的关注点局限于如何将自己的孩子与他人比较上，家长要避免将自己的孩子与那些"别人家的孩子"正面对比，导致自己的孩子丧失信心，孩子甚至会因此被激发出逆反的情绪。家长的角色是指导者和支持者，应该尊重孩子的意愿，帮助孩子培养自我认知和自我价值观。家长要引导孩子了解自己的兴趣、优势和独特之处，鼓励孩子树立梦想，激励她自信地去追求自己的梦想。

你可以这样说——

"你要是现在不知道以后想做什么，也不用着急，先做好自己现在的事情，再慢慢找到梦想就行。"

"没有人一出生就有一张规划图，按照规划成长，所以你先不用着急，先想想你到底喜欢什么。"

"慢慢来就行，不要着急，青春期就是慢慢探索自己未来想做什么、能做什么的阶段，你会找到你的梦想的。"

总是先说“我不行”

从小就胆小怕人的女儿，在进入初中后，情绪越发变得起伏不定。你知道女儿是进入青春期了，跟以前相比她自然会有所改变，但是她的表现还是让你不知所措。

女儿是畏惧考试的，每次临近考试，神色慌张、焦虑不安便成为她的常态。与其他同学整日紧张有序的复习情况不同，女儿每天都愁容满面、忧心忡忡的。不仅如此，女儿还经常因为害怕失败，不敢尝试任何事情，变得畏首畏尾的。

无论是班级举行的朗诵演讲比赛，还是学校举办的运动会，女儿总是退避三舍，她总是用一句“我不行”作为她的挡箭牌。看到她现在的样子，你也很着急，尝试着劝了劝她——

“你怕什么？你都还没有尝试呢，就先说‘我不行’，你是懦夫吗？”

"没事儿，这算什么，别一天到晚地缩起来，就试试呗。"

"你一天到晚就会说这不行、那不行的，你还是不是我女儿啊？怎么变得这么懦弱？"

"这有什么难的，你看看隔壁李阿姨他们家的孩子不是做得挺好吗？怎么到你就不行了？"

"你小时候可不是这个样子的，你小时候什么都敢尝试，那时候的你去哪儿了？"

你每次都是越说越着急，女儿似乎难以承受你的情绪，甚至后来被你说得情绪崩溃了——

"我能怎么办？妈妈你以为我不想成为一个勇敢的人吗？可是我就是不敢啊。"

"我可能天生脑子就是笨吧，我就是跑步没别人快，唱歌不如别人动听，我就是不如别人，我不行的，你别让我丢人了。"

"小时候是小时候，现在是现在，你别拿我小时候的状态跟我现在比，也别拿别人家的孩子跟我比，我比不过，我做不到，我不行！"

"别逼我了，妈妈求你了，你就承认吧，我就是不行。"

没想到你的一番劝说，不仅没让女儿恢复自信，反而让女儿陷入了更加严重的崩溃情绪之中。

这到底是怎么了？女儿怎么变成了一个就会说"我不行"的孩子呢？

事实上，女儿这种万事向后退，总说"我不行"的状态，就是陷入了一种自卑心理。自卑属于一种人格上的缺陷，往往表现为自我评价过低，十分敏感，自己瞧不起自己，经不起刺激，这也是青春期阶段少男少女经常出现的心理问题之一。

自卑心理出现，主要是源于女儿的自我评价过低，她没有办法全面客观地评价自己，于是就常用自己的缺点和别人的优点比，自然会造成一种认知误区。自卑者会给自己施加"我不行"的消极心理暗示，抑制其水平的发挥，最终导致事情的失败。事情失败又恰恰印证了自卑者当初消极的自我暗示，进一步增强了她的自卑感。

自卑是一种在青少年群体中普遍存在的心理状态，当然，无须妖魔化自卑心理，适度的自卑可以帮助人审视自己存在的问题，使人不断完善自我。人人都会有自卑心理，只不过呈现的程度不同而已。家长需要帮助孩子正确认识自卑，克服消极的自卑心理，积极乐观地面对生活与学习。

家长要帮助孩子正确评价自我，孩子正确评价自我才能看清楚自己的优点和缺点，不至于被一种情绪拖至极端。想要让孩子正确评价自我，一种简单有效的方式就是让她把自己的优点和缺点全部写在一张纸的正反面。家长同样在另外一张纸上，写出她的优点和缺点。家长和女儿共同将两张纸进行比较后，就能得出更为客观的结论。家长引导女儿正确评价自我，可以避免女儿过度自卑。

你可以这样说——

"女儿，只要你相信自己也能做成这件事情，就一定会成功的！"

"你觉得自己过度小心吗？但是我觉得这正是你的优点，你没发现你比别人更加细心吗？"

"你就像这张纸一样，是有正反两面的，既有优点也有缺点。"

当孩子遇到挫折时，家长要帮助孩子形成合理化认知。比如说，孩子期末成绩并不理想时，家长要帮助孩子分析失败的原因，不仅要分析孩子是否努力，是否在考场上有粗心马虎的问题，还需要考虑是不是因为考试时，女儿临场发挥不好，或者是考场上有其他干扰因素这种外在原因。在这一过程中，家长可以帮助女儿建立起心理防御机制，实现自卑的补偿和转移。

你可以这样说——

"没事儿，你看这一次考试你之所以没考好，主要是因为这些知识点你没有复习到位，那你下一次提前准备、好好复习就会考好了。"

"如果你考试之前，没有大意轻敌，好好复习，现在可能就有更好的成绩。"

"虽然你这次考试的成绩不太理想，但是我发现你现在字写得越来越好看了，也算是有进步，下次继续努力吧。"

Part 4

校园里的"斜杠少女"

青春期，是人生中最令人激动和感受深刻的时期之一，是少女们成长之路上的一段特殊旅程，是华丽蜕变的关键时期。而这一切，往往发生在学校这个多姿多彩的舞台上。

在校园生活中，少女们不再只是课堂的参与者，她们在校园这一方小天地中开始逐渐展露出独特的个性和追求。在课堂上，老师们传授知识，她们用勤奋和智慧去追求更好的成绩；在操场上，她们展现出活力和热情，挥洒着运动的汗水；在教室中，她们结交知己，相互扶持，共同成长……

在青春期少女的校园生活中，她们经历的点点滴滴，连在一起，就是一场丰富多彩的冒险之旅。校园，是她们学习新知识、结交新朋友、建立人际关系、发现兴趣爱好和追求梦想的地方。同时，校园也是充满挑战和压力的地方，她们需要应对学业的压力、社交的挑战以及对自我的探索。

在校园生活中，学业是极其重要的一部分，少女们要面对学业的压力和挑战，她们要学会实现学习与生活的平衡，要学习应对外部压力和保护自己的情感健康。

友情也是她们校园生活中的一大主题，她们与朋友之间会建立起强大的情感纽带，当然她们也要处理友情中的冲突和挑战。

可以说，少女们的校园生活是一段自我发现的旅程，她们要在校园中发现自己的独特之处，要建立自信，也要处理自我认知上的困惑。

面对女儿的喜乐与苦恼，家长想要提供有效的帮助，这时，如何倾听女儿的声音，如何建立信任和互相尊重的亲子关系，如何帮助女儿消除校园中的烦恼，以及如何处理与女儿之间的冲突，都将成为家长需要用心去解决的问题。

"S 级"保密的考试成绩

　　女儿的期末考试应该出分了，可是你一看到垂头丧气走进家门的女儿，你就知道女儿这次一定没考好，但是你还是习惯性地问了问女儿："期末考试的成绩是不是已经下来了？你考得怎么样啊？"

　　"你别问这么多，这可是我的隐私。"女儿十分警惕地看了看你，然后小心翼翼地回答。

　　不得不说，这已经不是什么新鲜的事情了，只要考试完毕，女儿就像藏宝一样，把自己的考试成绩、试卷通通藏起来，尽可能不让你们知道她到底考得怎么样。毫不夸张地说，想要从女儿的嘴里得知考试成绩，简直比登天还难，你每次想要了解女儿的考试成绩，都要从女儿的老师或者同学嘴里打听。可以这么说，考试成绩就像一个专属于女儿的"S 级机密"。

　　你还没来得及向女儿问清楚到底是什么情况，女儿就已经拖着疲惫的脚步，慢慢地挪回了房间。

　　虽然这次你还是没能从女儿嘴里听到成绩，不过既然女儿这么不高兴，想必这一次考试的成绩肯定不理想，于是你终于忍不住打开女儿房门，开始"输出"——

> "你到底考得怎么样呀？你要把成绩说出来，我才知道是什么情况啊，不就是一次考试嘛，有啥不能说的。"
>
> "你还说不得了是吧，一提成绩你还不高兴啊，爸爸妈妈辛辛苦苦养着你，一点都不知道感恩。"
>
> "不就是个成绩吗？有什么好隐藏的，你要是不告诉我，我就干脆问你们班主任算了。"

满脸疲态的女儿，听到你的抱怨之后，好像突然被点燃，原本压抑的情绪再也忍不住了，开始呜呜地哭了起来。她一边哭一边跟你抱怨——

> "你别问了，别问了，求求你别问了，我就是不想说。"
>
> "求求你别再逼我了，给我留点空间，就让我静一静，别再问我成绩了！"
>
> "你就不能给我留点面子吗？你还要去问班主任，你要真去问班主任，我明天也没脸上学了。"

其实，女儿之所以会把成绩当成"绝密档案"，考不好了就立马崩溃，说到底还是孩子太在意考试了。当孩子考试成绩不理想时，挫折与失败会带来强烈刺激，在她的心中沉淀成阴影，导致女儿的自尊心受到伤害。家长如果没有及时意识到，考试成绩有可能引发女儿的负面情绪，只是因为女儿躲避家长，或者因为女儿成绩不佳就抱怨、指责、批评女儿，这些行为都有可能导致女儿放大负面情绪，甚至出现应激的状态。

为了避免孩子被成绩所刺激，家长发现孩子对考试成绩严防死守时，不要一味地逼迫孩子将考试成绩展现出来。特别是家长意识到孩子可能考砸了的时候，需要先处理好自己的情绪，不要一味地将负面情绪倾注在孩子身上。

你可以这样说——

"没关系，孩子，你不用紧张，我可以不看你的成绩，毕竟不管你考试的成绩如何，我知道你尽力了。"

"你不用跟任何人比，虽然这一次考试的成绩可能不太理想，但是我相信你后面会越做越棒的。"

"考试就像一场马拉松，暂时落后是没有关系的，所以把你的沮丧情绪收一收，我们继续上路就行。"

书桌里的情书

你发现女儿似乎有什么秘密瞒着你，她最近鬼鬼祟祟，她的表情也变得有些不同，有点不像原来的那个她了。虽然她已经上初中了，但是平时还是你在帮她收拾书包，没想到她上个星期告诉你，以后你不用再帮她收拾书包，她要独立。不仅如此，她还跟你说，希望你进门前先敲门，她自己进门后，也总是十分警觉地关紧自己的房门，甚至还特别向你声明了，请你尊重她的隐私。女儿怎么会在这么短时间内改变了这么多呢？看来，她似乎有一些秘密正隐藏着，不想告诉你。

你拽住女儿，跟女儿好好谈了谈，在你的左劝右劝之下，女儿才不情不愿地把最近的事情讲给你听：原来，女儿新学期换座位了，她的新同桌是一个清爽帅气的男生，虽然这个男生个子不高，但是为人温文尔雅，举止有礼，是一个受大家喜爱的男孩子。两人成为同桌后，当女儿有不会的数学题时，男生总是耐心讲解，两人之间气氛融洽。

上个星期，女儿发现在她的英语课本里夹着一张小字条。上面写着"我很喜欢你"，即便上面没有落款，但女儿也知道，这熟悉的字迹，一看就是同桌留下的。她已经为了这件事情烦恼好几天了，她自己收拾书包，不让你随便进入她的房间，都是因为她担心你发现那张字条，会产生误会，闹得家里不得安宁。女儿现在不知道该如何是好，她的内心也非常纠结，甚至感觉跟同桌之间的相处都变得不自然了，她担心她处理不好会伤害同桌的感情。你现在不断追问，她才向你吐露了心声——

> "到底该怎么办呢？我觉得他人挺好的，但是我们也不应该有什么别的想法啊。"
>
> "我们现在是学生，我知道这一点，我也是这么告诉自己的，但是我怕我跟他说了，他觉得我是在拒绝他，我不想伤害他，所以我不知道该怎么回复他。"
>
> "我有这样的心思，是不是挺傻的，是不是很奇怪啊？"

你听到女儿这么说，明白了女儿的困惑，于是想要给女儿一点建议，但脱口而出的不过是一些无关痛痒的劝慰罢了——

> "现在有太多的事情比谈恋爱更重要，你们要把心思用在学习上。"
>
> "既然你想要拒绝他，那就直接跟人家说吧，这有什么不行的？"
>
> "我看你们就是在浪费时间，小孩子家家的，懂什么爱呀喜欢的。"

看着女儿的眉头越皱越紧，你知道你的这番话并不是很恰当，但是你也实在不知道该如何表达。女儿被别的男生表白，家长到底应该怎么跟女儿聊呢？

青春期女生，已经步入发育期，收到异性的示好，被异性追求都是正常现象。青春期的女孩受荷尔蒙影响，情窦初开，对情爱有了懵懂的认知。

然而青春期少女在与异性交往过程中，时常会遇到不知该如何表达自己情感的时候，在遇到异性追求时，茫然无措，不知道该不该答应，也不知道应该如何拒绝对方才最体面。女儿之所以不会拒绝，主要是因为这些向她表白的男孩子跟她关系本来就很好，女儿害怕因此失去朋友，担心因为拒绝，关闭了与朋友交往的大门。这种不会拒绝，就是一种人际关系依赖症的表现，一部分孩子因为缺乏拒绝经验，不会开口拒绝他人。

具有这种人际关系依赖症的孩子，有可能是因为长期受到父母意愿影响，慢慢失去了表达自己意愿的能力。家长如果发现女儿遇到了这方面的麻烦，最需要做的事情就是帮助孩子，让她学会与异性相处，更要学会拒绝。

正如前文中提到的，女儿收到了来自异性的求爱信件，家长应当引导孩子正确对待，冷静处理。家长应当教导孩子，尊重对方爱的权利，但是同时，孩子也需要表达出自己的态度。

家长需要提醒自己的孩子，不要担心拒绝会失去朋友，如果对方是正人君子，是一个适合交往的男生，他不会因为女儿的明确表达而出离愤怒，并且对方一定会尊重女儿的选择，大家还可以继续做好朋友。

你可以这样说——

　　"你们现在年龄还小，这份感情对于你们来说还是有点太早，不如让子弹在空中多飞一段时间，等你们成年之后再回看这段感情，如果依然很坚定，那我们一定是祝福你们的。"

　　"女儿，如果你不喜欢这个男生一定要向他说清楚，我相信他是鼓足了勇气才给你写这封信的，所以你一定要认真跟他说清楚。"

　　"你别担心，我相信他给你写这封信的时候也是想好两种可能的，只要你认真说清楚，他一定可以理解你的，你们还可以做好同学、好朋友。"

　　"女儿，你跟他说的时候一定要态度坚决，不要含糊其词，不要给对方幻想的空间。你要是不说清楚，反而是在伤害你们的感情。"

讨人厌的老师

女儿一向乖巧懂事，即便是进入青春期，也没有像有的孩子那样叛逆，很让你省心。但是你最近很烦恼，因为半个月前，一向乖巧的女儿，竟然突然向你提出，她想要转学，并且态度十分坚决，如果你不给她转学，她就不去学校了。你看不出女儿到底出了什么问题，你跟她的班主任联系之后，班主任也说没发现她有什么异常，甚至她的成绩也没有下降，不知道她到底是什么原因想要转学。你百思不得其解，反复思考之后，告诉女儿，如果不跟你说清楚原因，你是不会同意给她转学的，女儿这才把她想转学的原因告诉你——

"唉，其实我也不想的，但是我最近实在是忍不了了，再这么待下去，恐怕我以后很难考上一所好大学了。"

"妈妈，跟你说实话吧，我不喜欢我们班主任，我觉得我们班主任对学生不好。班里面乱糟糟的，班主任进教室后竟然没罚那些吵吵嚷嚷的同学，管理一点都不严格，班里的纪律太差了。"

"她该管的不管，不该管的瞎管。"

"别人谁都不管，她就管我，我看她就是针对我吧。"

你想劝一劝女儿，毕竟也不能因为这么点儿小事，就连学校都不去了吧——

"你怎么能这么说老师呢，老师都是一视同仁的，肯定不偏不向。"

"老师还不是为了你们好，严师才出高徒。"

"我之前也跟你们班主任接触过，挺好的一个老师，你咋这么想老师啊。"

"行行行，我就说了你不懂，你还非问。行了行了，我要学习了，你别打扰我了。"你被女儿半哄半推地送出了她的房间，但是你知道，女儿心中的怨气没有消解。

其实，家长跟老师类似，都会因为青春期的孩子头疼。青春期的孩子正处在"半熟年龄"，家长和老师都要加倍呵护他们脆弱的小心灵，既要严格要求，避免他们走上歪路，又要关心爱护，防止他们敏感的心灵受到打击。这个尺度往往是很难拿捏的，所以青春期的孩子容易和家长或者老师产生矛盾。

家长要做好老师和孩子之间的润滑剂，既不能过度纵容女儿，师生之间出现矛盾的时候，就采用转学等方式，帮助女儿逃避；也不能假装无事发生，对女儿的痛苦置之不理；更不能过度严苛，让女儿进退失度。

你可以这样说——

> "你能不能告诉我，你对老师的哪些方面觉得不满意呢？"
>
> "我听完这件事情的经过了，你刚刚说了你的看法，我站在与这件事无关的第三方说说我的看法，你可以作为参考。"
>
> "我之前跟你们老师聊天的时候，你们老师跟我说过她的想法，好像跟你表述的不太一样。"
>
> "你之所以会有不满情绪，可能就是因为你们之间沟通不够，我来告诉你，你们老师是怎么看待这件事情的，记住，人与人多沟通会有不一样的结果。"

就是不想学习了

女儿最近不太对，作为一个学生，她现在很抗拒学习，一让她学习就推三阻四的，你如果给她买了新书，她还会一脸不高兴，她这种不想好好学习的状态，一点儿也不像一个学生啊。

你发现女儿最近一回到家，就钻进自己的房间，一开始你还挺高兴，觉得女儿的自觉性挺高，她终于知道学习了，并且还挺努力，但是很快你就发现不对了。你每一次给女儿送水或水果的时候，都能发现女儿并没有好好学习，毕竟她要是认真学习，怎么会对着书半天一动不动呢。

另外，你今天碰到女儿的同学，她支支吾吾地告诉你，女儿最近的状态有点儿奇怪：女儿最近半个月都没有好好学习，上课不认真听讲，似乎总是若有所思，老师提问她，她也是一问三不知，跟原来的她一点儿都不一样。你仔细想了想，还是觉得这不是一件小事，于是你决心问一问她——

"你是不是现在都在假装学习，你别装了，我都看出来了，你一点儿都不努力！我花那么多钱把你送去学校，你怎么不好好学习？"

"你同学告诉我了，你最近心思都没有用在学习上，你一天到晚在想什么？"

"真是想不明白，你一天到晚在想什么。我们小时候要是有这么好的条件，天天都得铆足劲儿地学习。"

女儿听到你这么问，仰起头回答了你的问题——

"你说得没错，我就是不想学习，正好你这么说了，我不如摊牌吧，我就是不爱学习，你怎么说都没有用。"

"学习到底有什么用啊？你看现在的网红不是都很成功吗？似乎他们也不是靠学习成功的吧？"

"为啥我就要学习，我天生就是来学习的吗？那我告诉你们，我现在就是不想学习，一想到学习我就头疼。你要是觉得可惜，那你去上学吧，正好这个学我也上够了。"

这番话简直让你哑口无言，你没有想到，一向乖巧的女儿竟然说出这么离经叛道的话！这么看来，女儿现在是产生了厌学情绪，但这又是为什么呢？

其实，孩子产生厌学的原因是多样的，当孩子的学习成绩、心理承受能力及教师的教学方式等出现问题时，都有可能让孩子产生厌学情绪。

家长确认孩子出现了厌学情绪后，为了帮助孩子解决这个问题，需要审视自身，对照其他家长确认自己是不是给孩子的压力太大了。有时候，父母对孩子的期待过高，甚至远远超出了孩子的实际能力，会给孩子造成过大的压力，而过大的压力既会挫伤孩子的自信心和自尊心，也会让孩子对学习丧失信心与兴趣。

你可以这样说——

"是不是我们给你的压力太大了？每个家长都是望子成龙、望女成凤的，都希望你们能有出息，但是我们最大的期待就是你们能好好成长。"

"如果我们给你的压力太大了，我也希望你能坦诚地告诉我，毕竟我们也是第一次当爸妈，也没有什么经验。"

"就像你们玩的养成游戏，我们有时候会不自觉地对你抱有太多的期待，当然啦，如果你觉得有压力，你也别憋着，还是要告诉我们，我们一起去探索，怎么才能让你更好地长大。"

学生的学习状态也和老师的教学方式有很大的关系。如果家长发现孩子的厌学是源于某一学科，应当思考，是不是孩子跟这个学科的老师有矛盾，或者是不是老师的教学方式不适合孩子。另外，家长也需要经常与老师沟通，多了解老师，争取获得老师的理解与帮助。

你可以这样说——

"你是不是最近觉得语文学得吃力呀？是学不会，还是觉得自己不知道学习方法？"

"原来是老师批评你了，那你觉得老师说得对吗？还是说，老师的说法让你有点儿不舒服？"

"你也知道，老师是为了你好，但是你觉得他这么说有点儿伤你的心了，是吗？"

"既然你也知道原因，那为什么不跟老师好好谈谈呢？这些问题，只要说明白了，以后你心里也就没有负担了。"

偏科的"斜杠少女"

　　女儿现在就是别人口中的"文艺女生"，爱看书，爱写东西，甚至成绩也是更加倾向文科。你可以自豪地说，女儿的文科成绩一直很优秀，从没让你操心过，甚至能拿到接近满分的好成绩。但是事情具有两面性，你有多为她的文科成绩自豪，就有多为她的理科分数忧心。

　　你看着手中的成绩单，这张只有 56 分的物理卷子实在是很刺眼。你不由得连连摇头，你本来知道她的理科成绩差，但是，没想到女儿偏科已经这么严重了！看来不能一味地纵容，你决定跟她好好谈谈这个问题——

　　"你看到你的物理成绩了吗？56 分，不及格！这是不是太过分了？你怎么能偏科这么厉害呢？所有的科目都很重要啊！"

　　"不是你喜不喜欢的问题，是你必须把所有学科都学好啊，人家考试又不是按照你的喜好来的。"

"但是，你现在学科差距太大了，这会影响你的总成绩，况且你现在就打算放弃数理化，你后面咋学？"

你每说一句，女儿就直接回"怼"一句——

"我知道，没考好，但是我也尽力了，毕竟我就是学不好数理化，我也不喜欢它们！"

"干吗什么都会？你看看那些大文豪还不是学不好数理化，这有什么的，有特长就行了呗。"

"哎呀，真是烦死了，我真的不会啊，我又不是故意的，我就是不会。"

你觉得女儿的想法实在是太极端了，她怎么能这么想呢？你还是想好好劝劝她，却发现自己的语言竟然如此贫乏，你想要帮助女儿纠正她的偏激想法，但是又不知道该怎么说，真烦恼啊！

青春期恰逢课业负担加重、生理快速发育和心理走向成熟化的时期，此时女儿形成偏科现象的原因是多方面的。青春期女生正在经历着身心巨变，这可能导致她们对不同学科产生不同程度的兴趣和偏好。当青春期女生的课业负担加重时，可能会使她们将更多的时间和精力投入她们感兴趣的科目上，而忽略了其他科目。家长、老师以及媒体等的影响，也对青春期女生形成偏科发挥了一定作用。

女儿可能受到周围人的期望和评价的影响，导致她更加专注于某些科目。比如，女儿学英语的时候受到了表扬，她可能因此就对英语这个科目更感兴趣，她会更倾向于在擅长的科目上表现出色，而在不喜欢的科目上表现较差，这种学习态度的差异也会导致偏科现象的出现。

一些孩子可能因为长期在某个科目上表现不佳而产生恐惧和排斥心理，这会进一步加剧她这一科目与其他科目成绩的差距，形成明显的偏科现象。比如，女儿物理成绩不佳，老师和家长经常因此数落女儿，女儿就会对学习物理产生畏惧之心，成绩也越来越差。

女儿出现了偏科问题，你一定很头痛，到底应该怎么做，怎么帮助女儿呢？

面对这种情况，还是要以鼓励为主，你可以这样说——

> "没想到你的英语成绩这么棒啊，是不是又被表扬了？我就知道你可以的！不过，你别光顾着英语成绩的一路高歌，也需要稍微照顾一下理科成绩，争取共同进步啊。"
>
> "你先把基础打牢，先去看看练习册上面有没有什么知识点是不会的，去学校问问老师。"
>
> "这不是也能做对嘛，其实物理也没那么难，真不错，后面也要继续加油啊！"

Part 5

追星、氪金、网游，玩儿到飞起

处于中学时代的青春期少女，生活往往被课本、试卷、习题占得满满的，尽管如此，她们的身体里似乎充盈着更多的精力。除了学习，她们渴望尝试一切，对各种兴趣爱好怀有无限探求的激情，甚至有些"爱好"让她们深陷其中，无法自拔。

　　然而，就是这些"爱好"，往往成了父母和女儿之间矛盾的根源，家庭中形成了两股截然相反的力量，双方都坚定地捍卫自己的信念。

　　父母担心女儿误入歧途，对她们这些"不务正业"的"爱好"竭力施加限制，试图将这些或许会影响她们成长的元素隔离在外。女儿则奋力抵抗，竖起身上的刺来与父母对抗，像捍卫生命一样捍卫自己的"爱好"。

　　实际上，青春期少女对新事物的探索和热爱，并非一种天生的叛逆。在少年时，谁都心驰神往某一领域，将热情投注其中，为之沉迷。有些人甚至将这份热爱视作毕生的理想，愿意为之奋斗，哪怕最终功败垂成，也不曾后悔。这样的理想简而纯粹，为少女带来清晰的生活方向。而父母的担忧，则源于某些潜藏着风险的"爱好"，一旦女儿接触、深入，命运的齿轮便可能将她们带向未知的未来。

　　当然，有些错误是可以犯的，而有些错误一旦犯下，其后果将伴随一生。父母的担忧和焦虑、女儿的叛逆和坚持，最终都需要透过沟通来解开，透过理解、关爱和包容来化解。此时，亲子之间的对话是化解矛盾和促进共鸣的关键。

为明星爱豆疯狂打 call

今天，你给女儿收拾房间的时候吓了一跳！好家伙，女儿的房间里面充斥着某个明星。无论是墙上贴着的巨大海报，还是女儿桌面上的小小立牌，抑或是女儿的电脑壁纸，都是那个明星。女儿是不是沉迷于此了？

其实这个问题你不用多想也知道，答案当然是肯定的，女儿现在不是在抱着电脑屏幕傻笑，就是在一脸兴奋地跟她的同学聊这个明星的新电视剧。只要一提起这个明星，她就好像是被打开了什么神秘开关，一下子就兴奋了，一直跟同学聊聊聊，聊到深夜，你得三催四请，她才愿意挂断电话。

你跟女儿去逛街，她也是专门买那个明星代言的产品，店门口有那个明星的海报，她都兴奋地非要合照打卡，你要是敢说那个明星的坏话，她就立马翻脸！

你看到她桌面上放着一张字条："今年一定要去南京看演唱会！"什么？她一个未成年小孩儿竟然要跑到别的城市去看演唱会？这可不

行，你一定要阻止她，于是，你立马冲到女儿面前——

> "我都看到了，你竟然要一个人去南京看什么演唱会？"
>
> "你才多大啊，心思要放在学习上，你们老师说你最近考试成绩不理想，原来根在这啊，我看，你成绩下滑就是因为追星！"
>
> "这个明星，除了瘦点儿，还有什么啊？值得你对他五迷三道的吗？你就不能把自己的心思用在正道上面。"

平时说两句她喜欢的明星她都生气，现在更是怒不可遏——

> "我想去看看我喜欢的明星有什么错，是不是我喜欢什么你就非得搞破坏？"
>
> "我没耽误学习，我该学习的时候也没落下，再说了，谁的成绩能一直没有波动呢！我都是在完成作业之后才去给我的爱豆打 call！"
>
> "你了解他吗？你就说他的坏话，你就是老古板。"

面对狂热追星的女儿，家长会陷入一种深深的疑惑：这个明星，到底有什么可追的？为啥就不能干点儿别的正事？

青春期，是个体自我意识发展的第二次显著飞跃，这一时期是自我认知发展尤其强烈的时期。这个时期，青少年开始建立自我同一性，在这个过程中，孩子可能会经历自我认知的混乱。青少年致力自我发现和自我确定，偶像对于他们来说就是理想自我的一个载体，青少年在成长与发展的过程中，感受到现实与理想之间的落差，他们会选择借助崇拜偶像实现心理平衡与心理补偿。

大多数家长对孩子疯狂追星都有隐隐的担心：孩子会不会盲目追星，就不好好学习了？孩子会不会花太多钱在追星上？她会不会突然跑到另外一个城市？她的生活会不会被追星影响，变得一团糟？家长的担忧都是正常的，但是家长也要明确：追星是孩子情感的寄托，也是自我探寻的行为，如果孩子的追星行为有点儿"疯狂"，父母要好好与孩子沟通，引导孩子的追星行为，过多的干涉只会唤醒孩子的"反抗机制"。

有些家长发现自己的孩子追星后，会有意识或者无意识地在孩子面前贬低她的偶像。家长的贬低是想证明"这个偶像不值得"，但是孩子只会觉得"你们果然不懂我"，这样的行为只会将孩子从自己的身边越推越远。

正确的做法是，在女儿给你"安利"她的偶像的时候，你要认真倾听，甚至可以主动向孩子提问这个偶像到底有什么吸引人的地方。孩子感受到了你的真心，感觉自己的追星行为受到尊重，就会自然而然地跟你聊聊她的偶像。

你可以这样说——

"别说，你还挺有眼光，在这一群男孩子中，你的偶像长得最帅！"

"女儿，我不太了解这个男明星，你能给我介绍一下吗？"

"你也给我'安利'一把呗，咱俩一块儿给他打 call。"

当然，孩子的心理发育尚未成熟，容易将集体的想法当成自己的想法，受到集体情绪的影响追星，甚至有过激行为。这时候家长不能盲目鼓励，更不能粗暴制止，而是要在已经与孩子建立了互信关系的前提下，告诉孩子盲目追星行为的真相是什么。家长也可以以此为机会，培养孩子独立思考与明辨是非的能力，让孩子做一个"理智粉"。

你可以这样说——

"这些疯狂行为，真的不会让你的偶像不悦吗？"

"如果我是明星，我不太希望我的粉丝连自己的生活都过不好，还在拼尽全力地爱我。毕竟你们希望偶像过得好，偶像也希望你们好好生活啊。"

一没收手机就会"炸"

　　女儿之前说想要手机，这样方便联系，你就给她买了，结果没想到你给她买了之后，手机成为她不离手的"法宝"了。

　　你在客厅看着女儿从你面前走来走去，她手上一直拿着手机，没有放下。她来客厅接水的时候，站在饮水机面前，她的眼睛也不看着水杯，反而是一直紧紧盯着手机屏幕。"喂喂喂，水要溢出来了。"你眼看着水要流出来了，女儿还是一点儿反应都没有，你赶紧出声制止。"我知道的，不用提醒，我这不就要关了嘛。"人家倒是理直气壮，你看到女儿这种满不在乎的样子就生气，她明明就是一直看手机屏幕，完全没注意饮水机，现在还狡辩！

　　女儿最近真是被手机迷住了！她现在走到哪里都拿着手机，不是在聊天就是看视频。她现在从房间走到厕所的路上在刷手机，去冰箱拿小蛋糕时也在刷手机，吃东西时在刷手机，甚至你跟她说话的时候她还忍不住地刷两下，现在可以说是一秒钟都放不下手机了！

　　这也太上瘾了吧！现在可好，水都流出去了她都看不见，你实在是忍不住了，准备把她的手机没收——

> "你把手机给我，你现在一天到晚就知道玩手机，还有个学生的样子吗？"
>
> "快点儿快点儿，交出来，别让我发脾气。"
>
> "你有了手机真就是不管不顾了，是吧？我看这个手机就是害人！"
>
> "快点儿，你怎么还不交出来，这是我给你买的，我现在决定把它收回来。"

你本想把女儿的手机没收了，她也就老实了，没想到女儿把手机往她身后一藏，开始对你喊——

> "我不给，我不交！你说好给我买的手机，你现在要收回去，出尔反尔。"
>
> "现在我的同学都有手机，你现在把我手机没收了，这不是让我没面子吗？"
>
> "你要是收了我的手机，我也没脸去学校了。"
>
> "我也没老玩儿手机啊，这不是休息一下才看手机吗？"
>
> "难道你不相信我能管好自己吗？我就这么不值得你信任吗？"

女儿的这番话，倒是让你不由得一愣：让她用手机吧，她明显就是着迷了；不让她用吧，好像是你不信任她一样。到底该怎么办呢？怎么跟女儿沟通好手机的问题呢？

女儿所处的圈子很有限，主要是学校、家庭这两个"主阵地"。青春期的孩子有社交需求，手机就是孩子连接外界的有效途径。无论是与同学朋友聊天，还是搜索自己需要的信息，孩子都需要借助手机这个媒介。有些孩子连续玩一个小时手机就被家长定义为手机上瘾，因为这些家长"闻手机色变"，他们生怕自己的孩子玩手机上瘾。但是，家长其实无须如此紧张，毕竟孩子的老师也在关注和解决手机问题，孩子可能就是在家看看手机而已。

很多家长担心孩子因为沉迷手机就忘记做功课，但是家长还是要扪心自问：没有手机，孩子就愿意做作业了吗？孩子对作业存在抵触情绪，即便你把她的手机没收了，她玩不了手机，她还有课外书；没收了课外书，她还有画册；没收了画册，她还能在一张白纸上画画……家长要解决的是孩子不愿意做作业这个问题，而不是手机的问题。

当然，有些孩子是真的手机上瘾，只顾着玩手机，其他什么事情都不想做，如果家长强行把手机抢走，孩子还会突然情绪崩溃，甚至要跟家长拼命。有些家长觉得这就是手机的过错，把手机摔坏，以为孩子没有手机可以玩就能解决问题。事实上，如果家长真这么做了，只会激起孩子的逆反心理。家长管理孩子的手机，要学习大禹治水的方法，重在疏导，而非一味地拦堵。

跟孩子充分协商讨论，讲出自己的担忧与要求，倾听孩子的想法与需要，讨论出管理手机的办法，双方都认可后，实施计划。

你可以这样说——

　　"你用手机我不反对，但是你有没有觉得，你在有手机后写作业的速度变慢了？"

　　"你觉得手机没影响你，是吗？可以，我当然也觉得区区一个手机不会耽误你学习的。"

　　"我其实觉得手机有点儿影响我做家务了，我老是一看短视频就停不下来，我还真是挺烦恼的。"

　　"要不这样，我们互相监督，回家后都把手机放到门后的小篮子里，你做完作业，我做完家务，我们就可以玩会儿手机，行吗？"

为"皮肤"偷偷氪金

　　银行卡竟然莫名其妙地少了 3000 块钱，这到底是怎么回事？你急急忙忙跑去银行查流水才发现，少的钱都流向了一家游戏公司的账户。这个游戏你并不陌生，不就是女儿平时在玩的那个游戏嘛！周一到周五，只要女儿写完作业，就可以玩一个小时游戏。周末也是一样，女儿完成全部作业后，作为奖励，可以玩这个游戏。

　　这个游戏有一种叫"皮肤"的道具，需要充钱才能使用。你本以为女儿也就是用自己的零花钱去充值，没想到为了这个"皮肤"，她竟然花了你 3000 块钱，这让你简直难以置信。

　　在你眼里，女儿一直是个很乖的孩子，有事情都会先跟你商量，她怎么敢说都不说一声，就从你银行卡里刷走 3000 块钱？气愤之余，你又开始担心，是不是孩子发生了什么事，还是有什么你不知道的隐情？

　　想到这里，你决定跟孩子聊聊，了解下到底是什么情况。

　　"女儿，你最近还在玩那个手机游戏吗？是不是你给游戏充钱了，花了 3000 块钱？"你尽量心平气和地问女儿。

"对啊，是我充的，用的你的卡，怎么了？"女儿满不在乎地回答你，你一下子就急了——

> "怎么了？你还好意思问我怎么了？"
>
> "你看看，你这是花了多少钱啊！3000 块钱！这是你一个小孩儿该花的吗？"
>
> "那游戏是顶吃啊，还是顶穿啊？"
>
> "你知道现在挣钱多难吗？就这么轻而易举地花出去了？"

女儿看你一连串的质问，这会儿也急了——

> "不就是花了 3000 块钱吗？就跟我做了什么十恶不赦的坏事一样。"
>
> "你觉得我这算是花得多吗？你不知道，我同桌一个月就充 4000 多块钱，我这一共才 3000 块钱！"
>
> "别人都有好看的皮肤，就我没有，我丢人了你就高兴了？"
>
> "不就是 3000 块钱嘛，我回头还你不就行了，等我上班，这都是小钱。"

你感觉你的血压一下子就飙升了，女儿说的都是什么话，她知不知道现在挣钱多难，3000 块钱都不在乎了。天哪，女儿的金钱观到底是怎么样的啊！

无论是为了游戏氪金，还是给网红打赏，或者是疯狂网购，这背后都是金钱观的缺失。部分家长会有这样的想法：女儿的主要任务就是好好学习，其他的事情都可以不操心，平时女儿要钱就直接给。况且现在流行"女儿要富养"的说法，家长不愿意在钱上跟女儿多计较。自然而然，在家长有意无意的纵容下，女儿对钱几乎没有概念，对她来说，钱只是一个数字，不能理解家长挣钱的辛苦，花钱也就全凭自己的喜好了。女儿会毫不犹豫地"出手"，为了自己喜欢的"皮肤"充钱。

女儿已经踏上青春期的征程，正在从一个小孩子逐渐走向成人，家长一定要帮助孩子树立理财意识，帮助孩子建立正确的理财观。

在日常生活中，家长可以试着引导女儿有意识地存钱。家长需要让孩子明确地认识到，为游戏充值是她个人的消费支出，爸爸妈妈不为这份支出买单。如果女儿暂时没钱，家长可以告知女儿，她可以将这笔钱作为自己的攒钱小目标，让她为自己的小目标存钱，女儿会自然而然地减少乱花钱的情况。家长也可以为女儿办存折，带着女儿熟悉银行的各项储蓄业务，从而为女儿种下一颗理财的种子，对女儿提升理财能力有很大帮助。

你可以这样说——

"你想买游戏皮肤？可以啊，但是这是你的事情，所以你不能动我们的钱，你要用自己的钱去买。"

"什么？你没钱啊，没事儿，你可以把你的零花钱攒起来，相信用不了多久你就能买了。"

"对了，下个星期，我带你去办一张存折，这样你就能把你的压岁钱、零花钱都存起来。"

家长不让孩子体会挣钱的不容易，孩子就容易出现对金钱毫无概念的情况，就像前文中的女儿一样，对 3000 块钱没有概念。家长可以尝试从零花钱着手，让女儿通过"选择"，学会有计划地花钱，对金钱有明确的实感。

理财观的建立不是简单的说教，而是让女儿参与其中，一次一次地进行选择，帮助女儿学会精打细算，有意识地培养她的储蓄意识。

你可以这样说——

"你这个月的零花钱就这么多，如果月底前花完了，也只能等到下个月 1 号才能再拿到零花钱哦。"

"今天才 1 号，你要是今天买了零食，后面就没办法买新文具了，你确定想好了是吗？"

"你要是这个月的零花钱'储蓄'在我这，等到年底，除了本金，我还会支付你 5% 的利息。"

"你要选择好，到底是现在就花掉，还是等年底的时候奖励自己一个大的礼物。"

想要成为"网红"

随着青春期的到来，你发现女儿自从发育之后，就越发亭亭玉立了。在女儿七八岁的时候，为了让女儿有一个挺拔的身姿，你为女儿报了舞蹈班，女儿确实在一众同学中显眼又出众。女儿最近一回到家，就开始对着镜子跳舞，你叫她吃饭，她也不愿意，她总是告诉你，晚上吃得太多会胖，她要减肥，保持身材。看来女儿到了臭美的年龄了，你也没多想。

没想到，女儿今天告诉你，她长大后想成为一个网红。这话说得也太傻了，于是，你立马开启了质问模式——

> "你别傻了，你不会真的觉得你那点儿能耐能吸引别人吧？"
>
> "这个想法不行，你还是别做白日梦了，好好读书才是正路。"

"你看看人家谁想当网红啊，你要是想当老师或医生，我都支持你，但是网红这个职业不稳定。"

"绝对不行，你不能以后真靠这个吃饭啊！"

女儿一边反驳你，一边默默低下了头——

"反正我还没开始你就觉得我不行呗。"

"我想做的事情你不支持，到底想让我干吗？"

"我好不容易才有一件自己想做的事情，你们就不能支持我？"

"反正我什么事情都做不好，我干脆什么也不干好了。"

女儿最后的话让你哑然了，她竟然想要成为网红，这么遥不可及的梦，她能行吗？你不愿让孩子走弯路，你想尽可能让女儿看清楚现实，你说话可能比较直接，但是女儿最后的话让你质疑难道自己真的错了吗？

事实上，孩子进入青春期后，自主意识开始觉醒，但是孩子内心是充满怀疑与不安的。表面上看，孩子好像对自己的想法很坚定，但是其实在孩子的心中，不安与自我怀疑从未消失，担心自己不能把事情做好。当家长对着孩子说"这样不行"的时候，孩子很容易陷入一种"我做不好事情，我没办法做好任何事情"的自厌情绪。所以家长即便不认可孩子的想法，也不要轻易地否定孩子的想法，家长如果与孩子产生对抗，就无法继续沟通了。

不妨先听听孩子的声音："当网红多轻松，天天拍短视频就行。""网红只要好看就行，会有一群人排着队刷礼物。""当网红可以很快实现财富自由，买房买车不在话下。"

这些声音都揭示了孩子想要成为一名网红的内心所想，无非就是在他们眼中，网红光鲜亮丽、赚钱快、工作比较轻松、受人欢迎，只需要每天拍拍视频，或者直播三四个小时，就能挣大钱，是一份性价比极高的工作。

那么，"想当网红"这个梦想到底怎么样呢？是不是真如孩子口中说的那么简单呢？其实家长跟孩子一样，都是不确定的，所以家长要带领孩子一块儿去探索这个职业。

你可以这样说——

> "女儿，我知道你想成为一名网红，但是咱们身边没有人从事这个职业，咱们对这个职业也不够了解，对吧？"
>
> "咱们得知道当网红有没有什么门槛，需要具备哪些技能，到底这个职业怎么样，才能决定是不是要成为一名网红，对吧？"
>
> "所以这样，咱们一块儿去探索这个职业，深入了解之后，咱们再决定是不是真的要成为一名网红吧！"

家长通过跟孩子沟通这一过程，让孩子明确，职业选择的前提是胜任，家长带着孩子一同探索，既能表现出家长对孩子的理解与尊重，同时也是家长与孩子真正了解这个职业的机会。家长带着孩子探索网红这个职业，可以先搜索身边的资源，寻找有没有正在从事这个职业的人，如果没有，可以直播间连线，然后再进行职业访谈。

职业访谈不是为了打击孩子，而是让孩子客观地了解网红的工作性质、内容、要求等信息。孩子有可能发现一些不好的地方，对网红这个职业失去兴趣；或者发现自己能力不足，无法胜任，改变梦想；也有可能了解了网红这个职业后，依然认为自己可以做好，还是想成为一名网红，这时候，家长需要带着孩子对比网红和其他职业，再把选择权交给孩子。

家长可以将可能的结果告诉孩子，并且告知孩子，做出选择意味着要对自己的选择承担责任，并且接受后果。家长带着孩子厘清网红这一职业的利害之后，剩下应该做的事情就是尊重与支持，毕竟家长无法替孩子完成她的人生。

你可以这样说——

"你看，网红这个职业虽然看起来光鲜，但要学习的东西也很多啊！"

"你要看得长远一点，即便是选择了网红这个职业，也不是仅仅会跳舞就能一直红的。"

"爸爸妈妈尊重你的选择，但还是希望你能慎重选择好自己未来的职业。"

"所有的职业都没有简简单单就能成功的，我们可以再一起对比其他职业，不着急做选择。"

玩完这把再学习

你看见女儿房间有亮光，悄悄打开女儿的房间，不出所料，女儿又在对着电脑玩游戏。你不禁摇摇头，女儿最近总是一打开电脑就停不下来，你催促她赶紧去学习吧，她就会甩给你一句"我打完这把就学习"，但是往往一把之后还有一把，她总是拖到很晚。

这是一个老问题了，早在小学她就有这个毛病，也是先玩游戏，再写作业。她开始做作业的时间经常从晚上 8 点开始，小时候还好，作业比较少，即便开始得晚，也能很快就完成。但是进入初中之后，作业成倍增长，女儿还是先玩游戏再写作业，最后完成作业的时间往往就是深夜了，女儿熬夜写作业，第二天哈欠不断，自然会影响她的学习。

你本想直接给她断网，自然也就玩不了游戏，你想得很好，但是才尝试了一天，就被她告知：她还需要上网课、查资料，你断网会影响她学习。你听了这话，为了女儿的成绩考虑，你也不能再轻举妄动了！你说她又不听，孩子大了，你也不能动手解决，还不能断网，真是让人头疼！于是，你决定跟女儿谈谈——

> "你咋还不开始写作业，又要拖到很晚，你就不能先把作业写完了再玩游戏吗？"
>
> "这些游戏有什么好玩的，幼稚！也就是哄哄你们这些小孩子。"
>
> "你看看谁家孩子像你一样，都这么大了还在玩游戏，心思也不用在学习上。"
>
> "喂！我跟你说话呢，你手别一直在键盘上，看着我，好好跟我说话！"
>
> "你就是被这些游戏吸引了，玩物丧志，我看你以后考不上大学怎么办！"

你也想心平气和地跟女儿好好聊聊，但是没想到女儿根本就不看着你，也不愿意搭理你，即便是你耐着快爆炸的性子跟她说，她还是一副什么也不在乎的样子，眼睛始终没有离开显示屏。你伸手把显示屏关掉了，女儿才转过身，冲着你喊起来——

> "你烦不烦啊，一天到晚就是这一套，都说不出什么新鲜的话。"
>
> "我在学校上了一天课，我真的很累了，我就玩会儿游戏怎么了？"

"更何况，我就玩儿一会儿，我一会儿就开始学习，打完这把，我就准备学习了，你着什么急？"

"催催催，你就会催，你又不懂我，我懒得给你解释。"

"我对着显示屏也没耽误跟你说话啊，'您'就别管这么多了，请'您'出去，我等会儿就开始学习，努力考大学。"

说完之后，女儿就将你"请"出了房间。你很无奈，女儿长大了确实有自己的想法，你怎么说，她都是铁板一块，她怎么就这么爱玩儿游戏！

家长在面对孩子玩游戏时，会下意识表现出愤怒的情绪，做出断网、抢走手机、砸坏显示屏等行为。但问题是，家长做出这些过激行为就能让孩子真的放下游戏、投入学习的怀抱吗？答案基本是否定的，你把电脑砸坏了，孩子就玩手机游戏；你把手机抢走了，孩子就开始玩学习机上的小游戏……总之，你如果没有从根本上解决孩子游戏上瘾的问题，孩子总会想出其他的办法玩游戏。

那么，孩子为什么这么想玩游戏？这些游戏怎么就有这么大的魔力？

青春期的孩子渴望获得同伴的认可，希望与同龄人建立和谐的人际关系，想要融入其中，就要将共同话题作为敲门砖。如果一款游戏在青少年群体中风靡，那么孩子都会尝试玩这款游戏，以游戏体验作为同伴之间的谈资，建立情感联结。另外，如果孩子在现实生活中不开心，没有让她感兴趣的事情，那么她就更容易沉迷虚拟世界，期待在虚拟世界中寻求快乐。如果女儿已经养成了一回家就先玩游戏再写作业的习惯，再加上青少年自控能力较差，如果没有时间和空间的限制就很容易出现沉迷的情况。

孩子之所以不听家长的话，其实是因为她们觉得家长不懂她们，无法理解她们，理解游戏，就只会催促她们学习。所以，"解题"的第一步就是跟孩子"同频共振"，改变自己的态度，试着了解一下这些游戏，才能"知己知彼"地跟孩子沟通。

家长如果愿意去了解这些游戏，可以发现，有些游戏真的别有洞天：有的游戏可以培养孩子的空间感、设计能力；有的游戏可以培养孩子的创造能力、记忆力；有的游戏可以培养孩子的团队协作能力。当然这不意味着允许孩子无限制地玩游戏，只不过家长可以尝试着引导孩子健康、合理地玩游戏。

你可以这样说——

> "妈妈现在已经了解到，这个游戏不是完全没有好处的，但是咱们也不能耽误学习，是吧？"
>
> "咱们现在约好了要做完作业再上网，以及上网时间，那咱们就要按照约定执行。"

就是不爱看书

女儿小时候就不爱看书，你原本以为这是个小毛病，等她进入初中后会自然而然地改掉，没想到这只是你的一厢情愿。

这个暑假，女儿一有休息的时间就在玩手机，不然就在打游戏，甚至最近开始拿着小镊子，不断地拨弄着贴画，她说她在"咕卡"。

天啊，女儿怎么闲暇时间都在干这些无意义的事情呢？她怎么就不知道多读点儿书呢？读书难道不是一个很好的爱好吗？她怎么就不喜欢呢？她不知道吗，一个爱阅读的孩子，学习成绩也不会差！女儿不爱看书，这可不是一个好习惯！你得说她两句——

> "你别光在这瞎玩儿了，去看会儿书啊，你们老师不是也说了，让你们暑假多多阅读。"
>
> "阅读不就是让你休息嘛，这也是一种休闲，多看看书多好。"

"你这孩子就会犟嘴，我跟你爸爸哪有时间看书啊，我们要是有时间，我们可愿意看书了。"

女儿倒是跟你一唱一和地讨论起要不要读书——

"妈妈，老师是说'建议暑假抽时间看书'，这也不是强制安排的任务，你就别管我啦！"

"阅读对我的学习有什么帮助啊，考试也不考狄更斯、曹雪芹，即便多看几本书也没啥用。妈妈，我都写完作业了，你就让我歇会儿吧。"

"既然书这么好，为什么你跟爸爸不看？"

你被女儿反驳得哑口无言，确实，被女儿说中了，你们在休息的时间也不看书。但是女儿还是一个中学生，她现在就这么不爱看书，着实让你有些担忧，这孩子就不能拿起书好好读读？

很多家长都有类似的苦恼，总觉得孩子对阅读提不起兴趣，甚至感觉孩子有阅读障碍，他们宁肯用手机软件听书，也不去捧起书仔细阅读。家长本来只是想让孩子认识到读书的好处，但跟孩子交流的时候，变成了一团糟的争辩，最重要的是，孩子经常会用一句反问结束对话："读书这么好，你为什么不看？"

正是这个问句，击中了家长的软肋。没错，家长确实也没有阅读的习惯，平时拿起书的时间也是寥寥。当然了，家长也有自己的理由：工作一天了，回来再看书很累。我又不用上学，跟孩子不一样，读什么书啊！我要是天天看书，谁去做饭？家长的这些理由看起来都很有道理，但是也实在站不住脚，更没立场督促孩子。

孩子不是不知道阅读的好处，只是她们不愿意盲从父母的权威，开始尝试带着批判性思维看待父母的要求，带着反叛的心拒绝父母的要求。可以说，青春期孩子的成长就是从质疑父母开始的。

家长就真的没办法让孩子爱上阅读吗？当然不是，既然孩子质疑父母不读书，哪怕是为了给孩子树立榜样，家长都要把书拿起来，毕竟最好的、最有效的教育莫过于家长的身体力行。家长要培养孩子的阅读习惯，就需要在一旁作榜样，成为孩子的模仿对象。

你可以这样说——

> "你老说我不爱读书，这样吧，咱们家以后专门挑出一个小时用来读书，大家都读书，谁也别偷懒！"
>
> "我给咱们专门买了一个新书架，如果我去书店有觉得还不错的书，我就买回来，放这里。"
>
> "你要是有喜欢的书也跟我说，我也买上。"
>
> "我最近看到有本书挺不错，里面的主人公还挺像你。"

Part 6

"潮" 起来连自己都怕

为什么人们都羡慕青春、怀念青春？因为青春期是人一生中最美好的时光。青春期的女孩，就像一朵含苞待放的花儿一样。

在这个阶段，女孩渐渐感受到身体的变化：个子慢慢长高，身材变得更有曲线，声音也变得柔美。她们的内心也随之发生着微妙的变化，开始关注自己的外貌和身体特征。

然而，面对这些不期而至的变化，青春期的女孩又开心又害怕，又骄傲又恐慌。

"那个"来了，她们隐约知道自己跟以前不一样了，但是又有些担心。

脸上不断冒出青春痘，她们觉得自己"这辈子都完了"。

看到街上露出细腰长腿的"辣妹"，她们忍不住也想尝试一下那样的穿搭。

已经很瘦了，还老觉得自己身上好多好多赘肉……

这就是青春期的女孩，总是因为外表感到无数的矛盾与困惑。外表看似成熟，内心仍是充满童真的少女，她们对自己有许多困惑，但不知道该向谁寻求答案。

在这个阶段，父母的关爱和支持至关重要。有些话题家长可能觉得难以启齿，但正是信息的缺乏让女孩对自己的身体和情感认知产生偏差，甚至可能带来情绪和行为方面的问题。因此，父母不仅要倾听女儿的需求，解开她们的疑惑，还要给予她们足够的理解和关爱。

"那个"来了

"砰！"

女儿把厕所的门又关上了，今天下午一会儿的工夫，女儿已经来来回回去厕所好几次了。你不由得有些奇怪，女儿这是怎么了？她今天怎么一个劲儿上厕所？

这不，女儿又从厕所走出来了，跟前几次一样，她还是一脸垂头丧气，好像还有点儿不舒服又有些失落的样子。

你觉得有点儿奇怪，女儿似乎想说什么却没有对你说出口，看女儿欲言又止的样子，你隐隐约约知道女儿是因为什么犹犹豫豫了，看来是因为"那个"。

早在初一上学期，你就注意到女儿开始成长发育了，她的身体发生了变化：个子长高了，身体长胖了，胸前也隐隐地鼓起来……这一切都在向你宣告女儿长大了，正在长成一个亭亭玉立的大姑娘。终于，在初一上学期的一天，你在沙发上发现了不同寻常的血迹，你知道是女儿的"好朋友"来访了。

你在帮女儿处理好弄脏的沙发后，教给女儿如何使用卫生巾，虽然你没有跟她说什么，但也算是帮助女儿度过了一次心照不宣的成人礼。

你以为女儿这就正常度过了青春期的挑战，但是，女儿今天一趟一趟频繁进入厕所，好像不太寻常，就算是"好朋友"来访，她也不应该这么频繁地上厕所啊？终于，你还是忍不住问她——

> "你干吗一直去厕所？是有什么原因吗？"
>
> "你是哪里不舒服吗？要是不舒服的话，要告诉妈妈爸爸。"
>
> "你这孩子现在长大了，就什么都不说，我们也不知道你为啥这样，也没法帮你。"

女儿一反常态地没有跟你大声喊，只是小声嘟囔着——

> "哎，你们就是爱操心，我就是上厕所而已，也不是什么大事情，我在这个家连去厕所的自由都没有吗？"
>
> "我去几趟厕所罢了，你要是觉得闹心，你别盯着我看，不就没事了？"

其实女儿面临的问题，就是青春期少女经常遇到的问题，即青春期的月经不调，这也是年轻女性经常遇到的生理问题。

为什么会出现青春期的月经不调呢？青春期少女的内分泌调节功能尚未发展成熟，卵巢功能发育也不健全。

而且每个少女各不相同，存在个体差异，所以也不是所有少女都会出现青春期的月经不调。

另外，不管是过度运动，还是考试压力，抑或是其他生活变化，都有可能影响少女的月经周期，甚至是少女对生理期的忧虑，也可能会影响月经周期。

因此，在个别月份出现生理期的推迟，是一件再正常不过的事情。当然了，对于孩子来说，到底是有点儿害羞，家长要跟孩子好好沟通，让孩子了解自己的身体，对月经有正确的认知。

你可以这样说——

> "女儿你要知道，每一个女性都要经历月经，这是一个正常的生理现象。"
>
> "月经是我们的好朋友，要陪伴我们度过 30 年左右的时间，因此不要害羞，更不要感觉羞耻。"
>
> "如果你的月经没有按时造访，可以告诉妈妈。"

家长要在生活中关怀生理期的女儿。例如，在饮食方面多多留心，避免在女儿经期前或者经期中吃过甜过咸的食物，用加蜂蜜的热牛奶代替咖啡或者热茶，帮助女儿放松神经，稳定女儿的情绪；可以多为女儿烹饪动物肝脏、瘦肉、绿叶蔬菜等促进红细胞生长、增强免疫力的食物。影响女儿生理期的重要因素还有作息习惯，如果女儿经常熬夜贪凉，暴饮暴食，也有可能导致生理期紊乱。当然了，如果女儿的生理期总是不准时，家长也可以跟孩子沟通后，及时去医院检查。

"以后尽量不要熬夜，也不要为了漂亮就节食，不然就会影响生理期。"

"少吃点儿凉的东西，即便是夏天，也不要吃太多冰糕，不然小心会痛经。"

"这样吧，你先别着急，再等几天，要是还是不来，我就带你去医院检查一下。"

"今天晚上喝点儿牛奶吧，牛奶可以安神，你早点儿睡，你的月经可能很快就会来。"

"战痘"不止

你最近跟女儿一块儿逛街的时候，女儿总是要求买新的棒球帽，真奇怪，她什么时候这么喜欢棒球帽了？算起来她卧室里边已经放了七八顶新的棒球帽了，她还要新的吗？现在跟她一块儿出去逛街，她都不要求买新衣服了，除了想要棒球帽，就是闹着要买五颜六色的口罩。另外，家里面的镜子都被女儿用布遮挡起来，好像能照出什么奇怪的东西似的。

在你看来，现在这个家里最奇怪的人莫过于女儿了，这不，她又戴着口罩，低低地压下她的棒球帽，从自己的房间走出来接水，说真的，这大夏天的，她不觉得热吗？

不仅如此，暑假已经过了大半儿了，女儿还是天天在自己的房间里待着，完全没有外出的打算，她是不是太宅了？这也就算了，她不爱出门就不出，现在甚至连吃饭都不愿意到饭桌前，总是让你把她的饭菜送进房间。这一切都显得太过反常，你不能再沉默，决定好好跟女儿谈一谈——

"你别来回晃悠了，你过来，你看看你，你在家里边还戴帽子成什么样子？"

"你不觉得捂得慌吗？戴帽子又戴口罩，奇怪死了。"

"另外，这暑假都过了一个多月了，你还天天在家待着，你天天看着我们，大眼对小眼的，你都不觉得烦吗？"

"你天天在家里待着像什么样子，一点儿年轻人的朝气都没了，你还是赶紧出门走走吧。"

女儿并没有摘下口罩，但你依然可以清清楚楚地听到女儿的反驳——

"妈，你懂什么？这是时尚，你不觉得我戴棒球帽看起来很酷吗？就很像那个什么明星。"

"再说了，这么热的天有什么可出去的，晒得要死。"

"我才不想出门，要出门，你出吧，我出去见谁啊，如果是同学的话，我可不愿意。"

"那些同学有什么可见的，况且我现在脸上长满了痘，去见他们也是丢人。"

你敏感地意识到，原来女儿不愿意出门，是因为她脸上长了青春痘，她觉得不好意思，不过这又算什么？谁青春期还不长个痘，这就不出门了？她怎么反应这么大？

对于家长而言，青春痘是青春的象征，不过是脸上多几颗痘痘，似乎无足轻重。但对于青春期的少女来说，青春痘会对她们的心理健康造成很大影响。青春期的少女长出青春痘之后，很容易产生焦虑和忧郁的情绪，她们害怕与同学来往，不愿意社交。

甚至有的女生因为青春痘，一直忧虑而无法专心学习，导致学习成绩一落千丈。

家长应理解女儿因为长青春痘而变得心情郁闷，并在对女儿开展心理疏导时，不要一味地强调长青春痘没什么的观点，而是明确地告知女儿，青春痘是很有可能自愈的，没什么好担心的，要以积极乐观的心态面对青春痘。

你可以这样说——

> "我像你这么大的时候也长过青春痘，它过一段时间就会自己消退，你看，我脸上连个印儿都没留下。"
>
> "我知道你因为脸上长痘而烦恼，这很正常，这是你长大的印记。"
>
> "反而是你一直纠结于青春痘，它会因为你的压力，越长越大哦。"

家长也可以帮助女儿从生活细节着手，一起面对青春痘。家长需要告知女儿，稳定的情绪和良好的生活作息是战胜青春痘的"法宝"，因此，女儿应和不良习惯说再见。在饮食上，油炸食品、刺激性食品应尽量少吃；多吃苹果、梨、西红柿等可以促进皮肤恢复正常状态的水果和蔬菜。在卫生上，家长要教会女儿正确洗脸，保持皮肤的清洁，降低青春痘愈演愈烈的风险。

你可以这样说——

"你看你现在在家还戴着帽子，戴着帽子容易出汗，出汗了就会堵住毛孔，这样就很容易憋出痘痘来。"

"不仅仅是你的帽子，口罩也是一样的，也阻碍了皮肤与空气的正常接触。"

"保持皮肤的清洁，好好洗脸，你的皮肤就不容易爆痘了。"

偷偷换上辣妹穿搭

女儿不喜欢穿童装，甚至早在半年前，她就已经给你下了"最后通牒"：不要不经过她同意就随便给她买衣服。你一开始也没当回事，还是照常给她买衣服，但是后来发现，你给她买的那些童装已经统统闲置了，你也只好带着她去买衣服，选她喜欢的衣服。不过，似乎她喜欢的衣服很特别。

"我走了啊，晚饭不用给我留！"女儿说完这话后，就匆匆忙忙往外溜，你余光注意到女儿一副小心翼翼的样子，感觉不太对，连忙厉声喝道——

"你这衣服怎么还露大腿？快换掉！"

"不好看不好看，一点儿也不得体，你才多大！"

"运动装、休闲装不都很好看？你现在看起来非常老气！"

"你穿成这样，万一被坏人盯上怎么办，爸妈也不能一直在你身边保护你。"

女儿发现今天是逃不出去了，于是有点儿垂头丧气地转身回复你的话——

> "穿这个怎么了，多好看啊！"
>
> "我不觉得奇怪，我觉得很适合我，更何况，衣服是我穿，我喜欢就行了，我管其他人的感受干吗？"
>
> "拜托，这都什么年代了，我难道不能有我自己的穿衣自由吗？"
>
> "好像也没规定我不能穿成这样啊。"

这已经不是第一次了，你都数不清这是这个月第几次抓住女儿，然后勒令她去换身衣服了。女儿进入青春期后，身高猛增，最近一次量身高，她已经长得跟你差不多高了，身体也开始慢慢发育，整个人也越来越有女人味了。

女儿的衣服品位跟随流行趋势不断变化，最近流行"辣妹风"，你看不惯也不想给她买，她假装妥协，却还是自己偷偷用零花钱买回来。之后，女儿的外出，就像是一场猫捉老鼠的大戏，她偷偷穿"辣妹装"，你努力阻止，真是很闹心。曾经的乖乖女，彻底变成了你眼中"不听话的孩子"，怎么会这样？

女儿正处于青春期，在不断尝试探索"我是谁"，为了找到这个答案，她不断尝试各种新鲜的风格，打扮自己，希望可以被更多人关注。"辣妹风"在互联网上刮起一阵旋风，更多人关注这种风格，女儿自然也会尝试，甚至喜欢这种服装。也许对于女儿来说，她也担心过这种服装是不是不安全，是不是太张扬了，但是只要此时家长一出口指责，她就立马坚定了穿这种风格衣服的决心，因为她心中叛逆的小火苗燃起了，她不想顺从家长。

女儿想要获得的是穿衣自由，家长考虑的却是她的学生身份。所以，双方的观点本身没有对错，只不过立场不同，才有了冲突。想要化解这个冲突，还需要双方充分沟通，一起寻找可能的解决方案。

女儿想要穿自己喜欢的衣服，想要化妆打扮的心理是完全可以理解的，当然了，家长也需要合理地引导孩子，如让孩子明白"什么场合，该有什么样的打扮"。

比如，上学时，需要穿着大方得体的服装，这时候选择化妆或者是穿"辣妹装"，不仅不会收获别人羡慕的目光，反而会引来别人的议论。

你可以这样说——

> "你身材确实很好，穿'辣妹装'应该会很好看，但是你明天有体育课，你确定要穿这个吗？"
>
> "我尊重你的喜好，但是我还是希望你可以在合适的场合穿合适的衣服。"

如果孩子这时候质疑，家长可以给孩子解释，在周末或放假时，无论是去朋友家做客，还是逛街，都可以给她一定的穿衣自由。当孩子出门前适当打扮一番后，家长要尽可能保持客观，并适当赞美孩子的装扮。

你可以这样说——

133

"你穿这个版型的衣服真好看，以后可以带你多买两件这种衣服。"

"还得是你啊，你现在编的这个'拳击辫'就很好看，比你老妈强，你老妈就只会梳马尾，你回头教教我。"

"周末你可以穿你觉得好看的衣服，但是不能太露，你妈的心脏还不够强大，你照顾一下吧。"

五颜六色的头发

你坐在客厅的沙发上，听到门"咔嚓"一声被打开，一个小小的身影蹑手蹑脚地溜进来。这不对劲，女儿平时都是正大光明地进门，事出反常必有妖！你的眼睛紧紧地盯向了门口，什么？你没看错吧，这个黄色头发的人是你的女儿？于是你忍不住吼了起来——

"你看看你这头发，像什么样子？"

"这是什么啊，焦黄焦黄的，丑死了。"

"今天已经挺晚了，明天，明天我带你去染回黑色！"

"你现在还有个学生的样子吗？谁像你，还染发！"

"哎哟，我一看到你的头发就头疼。"

女儿一开始还低着头听你的数落，一听到你要带她去把头发染回来，立马急了——

"你们懂什么，这多好看，你看电视里的那些明星，都染得很好看。"

"你们就是太土了，承认吧，你们已经跟不上时尚了！"

"我有管理我自己头发的权利，我就觉得这样好看，你们别干涉我。"

"我们班里好多人都染头发了，人家别人的家长非但不批评，还觉得这样很好看呢！"

"我染头发又没耽误学习，你们就别管这么多了！"

一句句噎得你没办法反驳，但是这头发真的太难看了！一点儿学生的样子都没有，真是想不明白，女儿为什么非要染头发！

在家长眼中，孩子染头发就是一件让人担心的事情。有的家长认为，万一孩子染头发之后更臭美了，影响学习怎么办？有的家长甚至认为，孩子染头发就是不学好的第一步，之后会一步步滑向"坏孩子"的深渊！

那么，孩子为什么就想染发呢？原因大概有两种：一种是孩子处于青春期这个阶段，对万事万物都很好奇，在看到电视明星、网红、身边的朋友染发后，会自然而然产生尝试一下的想法。

另外一种是青春期的少女渴望张扬个性，不愿意被千篇一律的校服压抑住自己的独特性，希望借由染发这个行为表达自己的不同。同时这可能是一次对家长的试探，借由这一头缤纷的发色，试探家长的接受底线。

无论是哪一种原因，家长都需要跟孩子好好沟通，让"染发事件"平稳落地。

如果孩子只是单纯对染发这件事情好奇，家长可以和孩子就事论事，聊一聊染发的优点与可能的危害，以及为什么你们不愿意她现在就去染发，跟孩子说清楚远比孩子自己懵懵懂懂去尝试要好得多。当然了，孩子如果"先斩后奏"，已经染了头发，家长也可以告诉孩子，这个假期可以作为"染发体验期"，等到开学时，需要把头发染回来。

你可以这样说——

> "你染了头发，确实像变了一个人，就像大人一样，不过你们学校是不是有规定不能染头发？开学前要染回来啊。"
>
> "你知道为什么学校不让染头发吗？你看，这是妈妈的染发剂，看到了吗，配料表全是化学产品，有可能对人体造成危害，况且，你现在还在发育期，万一有问题呢！"
>
> "为了身体着想，你现在还不是染发的好时机。等你长大成人了，如果你还愿意，你就可以染发了。"

如果孩子是出于想要张扬自己的个性才染发的，家长就需要通过对话，消解孩子的这种情绪化行为。染发在此时已经不重要了，重要的是孩子在用染发行为，宣誓她才是她自己的主人。

家长需要认可孩子对自己的头发是拥有自主管理权的，并表示出对孩子染发的理解，甚至可以讲自己当年的小故事，建立与孩子之间的共情纽带。孩子认可之后，家长再告诉孩子，暂时先不要染发。

你可以这样说——

　　"你说你有权利把自己的头发染成自己喜欢的颜色，这话说得没错。"

　　"那我问你，你在染头发之前有没有想过，开学怎么办？你们学校又不让染头发。"

　　"你现在不知道怎么办才好了？妈妈告诉你，你当然有'发色自由'，但是与此同时，你还要注意你的身份。"

　　"你要求自由当然没错，但是这个自由是有条件的，是在符合你的身份的前提下，拥有一定的自由。"

　　"如果你真的喜欢这个发色，你可以等到成年了，且学校不再规定学生的发色了，再染发也不迟，对吧？"

总喊着要减肥

女儿最近怪怪的，她本来食欲很好，也不挑食，最近却不知道因为什么，变得不爱吃饭了。晚饭就吃小半碗，饭桌上的红烧肉、糖醋鱼更是一碰不碰。你实在忍不住向女儿问了缘由。

问了女儿之后你才知道，原来女儿因为青春期发育，这半年长胖了不少，班里面竟然有男生嘲笑她的体型，甚至还给她取外号。有时候女儿进入班级，就会听到别人的嘲笑声，这让她烦恼不已，才决定要努力减肥。

女儿想减肥也不是不能理解，但是她最近有点儿"疯魔"，已经不吃饭了，说打算靠着意志力减肥。你很担心女儿会因此影响生理期，更担心她会出现厌食症，你开始苦口婆心地劝她——

"没事，你正长身体呢，你要是太瘦了会营养不良。"

"你才多大啊，就闹着减肥，万一因为减肥不长个了怎么办？"

"我看你也不胖啊，减什么肥啊！"

"你不吃饭哪行，身体也受不了，别减了，听我的！"

女儿很不高兴——

"你看我的朋友都没到 100 斤，就我最胖了。"

"我不想让别人说我！"

"琳琳才 90 斤，她还在减肥。"

"我好不容易减肥有点儿成果了，你这不是让我前功尽弃嘛！"

　　孩子在小的时候没有得到关于长相的认可与表扬，在青春期就容易对自己的长相和身材加以挑剔。因为她们正努力寻求认可，尝试通过改变自己的外貌与身材，争取更多人的关心与喜爱。无论是体型问题，还是一些青春期少女想要去整容，都是这个原因。但是就算真的付诸行动，也不会让她们受伤的自尊心得到抚慰，这时候家长需要帮助孩子完成自我认同，并陪伴孩子科学减肥。

　　其实，减肥是一种对身材的控制，是一种自我管理的行为，如果孩子以一种积极的态度减肥，一旦成功，孩子收获的不仅仅是好身材，更是满满的获得感、成就感。而且，孩子可以从这个过程中感受到自己对身材的把控力。

　　因此，减肥也不完全是一件坏事，只不过如何减肥，才是家长与孩子需要关注的重点。但是，青春期的女孩正在长身体，减肥一定要以健康为前提。

当然了，不管是斥责还是强迫女儿吃饭，都会激起女儿的叛逆心，倒不如给女儿讲明白道理，用科学的方式帮助女儿判断自己的身体数据，反而是最为有效的办法，毕竟对于青春期的少女来说，当她们感觉自己被平等对待时，才更愿意继续沟通。

你可以这样说——

"女儿你知道吗，你是胖还是瘦，我们可以用你的身高、体重算一算：

标准的体重：女性标准体重（kg）=[身高（cm）—100]×0.9

超重的体重：女性标准体重（kg）×（1±10%）≤实际体重<女性标准体重（kg）×（1±20%）

偏瘦的体重：实际体重≤女性标准体重（kg）×（1—10%）

你看，其实你是标准体重。"

"你其实一点儿不胖……你要是不甘心，咱们一块儿去爬山，这也消耗热量，只不过我猜你肯定没有我快。"